I0474422

# VOORWOORD

De afgelopen vijf maanden heb ik voor circa...dit de tentoonstellingsreeks geprogrammeerd. De reeks heeft de volgende opzet; een student van ArtEZ wordt gekoppeld aan een alumnus, ze krijgen een onderzoeksvraag mee en de bevindingen van dit onderzoek resulteert in een tentoonstelling.

De onderzoeksvragen richten zich op fundamenteel onderzoek. Enige tijd geleden is mij gevraagd om te reageren op een aantal vragen die geformuleerd zijn door Donald Burgy in September 1969. Deze vragen gingen over waarneming.

In de quantumfysica doet zich het fenomeen voor dat een electron, afhankelijk van of het al dan niet wordt geobserveerd, zich voordoet als deeltje dan wel golf. De waarnemer beïnvloedt hetgeen dat wordt waargenomen door de handeling van het observeren.

Dit gegeven leidde tot de volgende onderzoeksvragen en uiteindelijk de volgende tentoonstellingen en muzikale optredens:

Collapse of the waveform; "Solutions to a Non Existent Problem", Laura de Vogel en Sjors Bindels, stemperformance van Annelie Koning tijdens de opening.

Zwakke interactie; "Weak Force", Mireille Tap en Leroy Verbeet, muziek van Jort Terwijn op contrabas tijdens de opening.

Donkere materie; "Evidence of Absence", Gijs Verhoofstad en Ruben Pjotr Planting, performance van Annika Schima tijdens de opening.

En de laatste in de reeks; zwaartekracht oftwel "Gravity" met exposanten Lin Gerritse en Hester Louter, loop performance van Tonio Geugelin tijdens de opening.

Anand Mahabier, beeldend kunstenaar, werkzaam bij ArtEZ, Arnhem 2017.

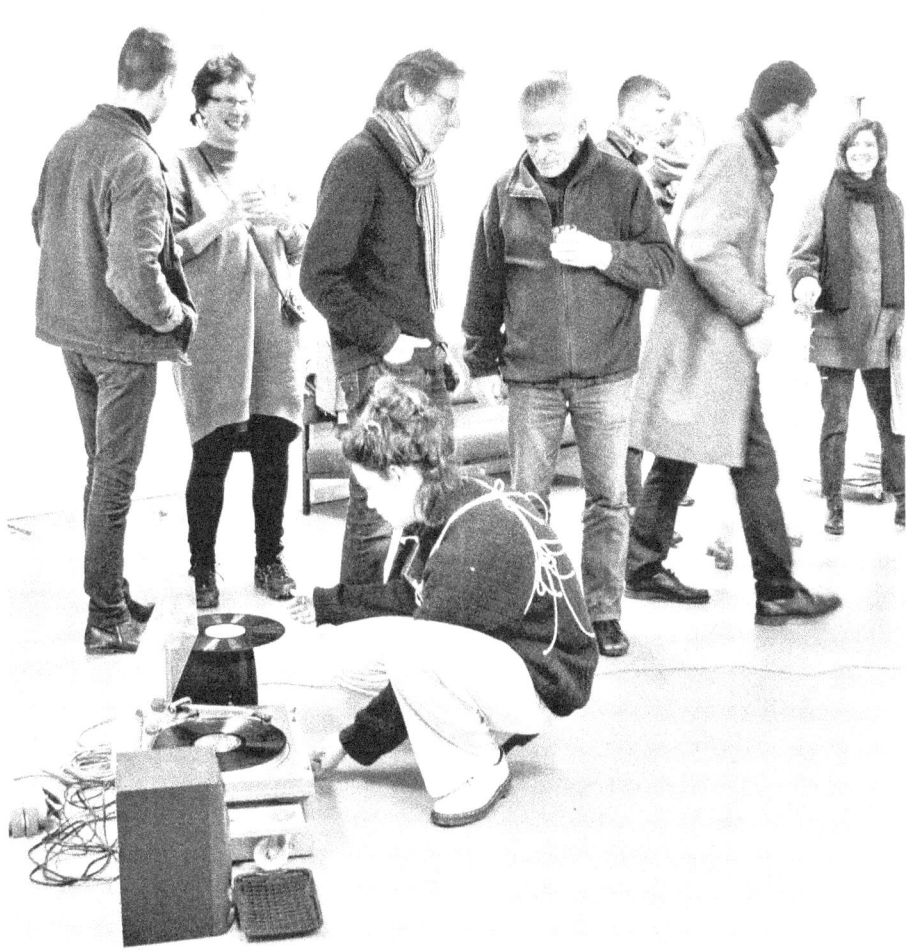

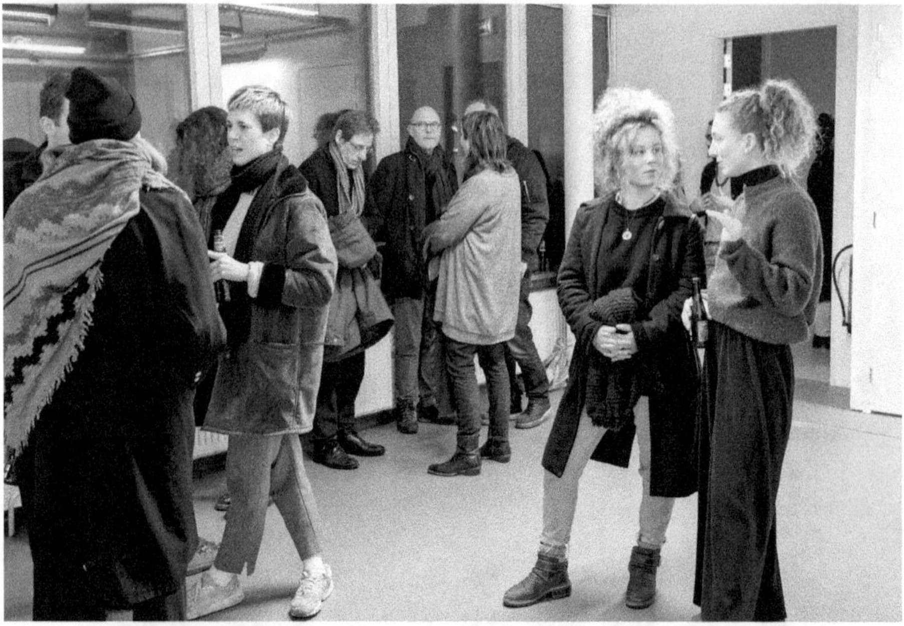

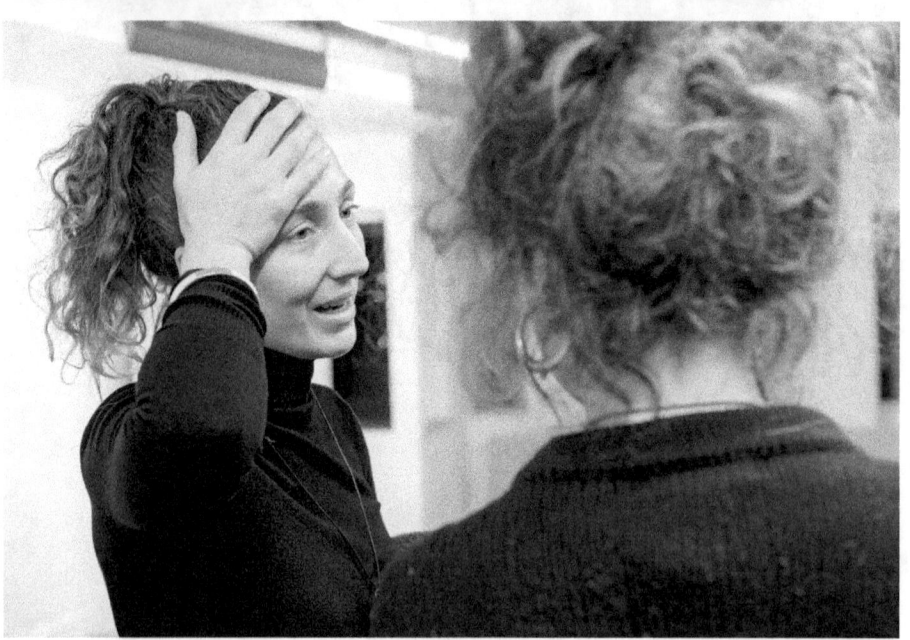

opening

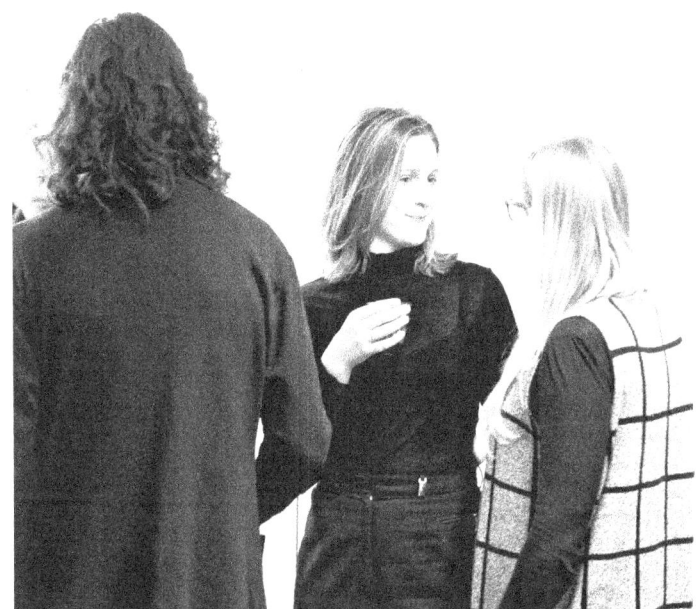
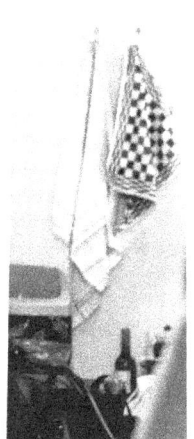

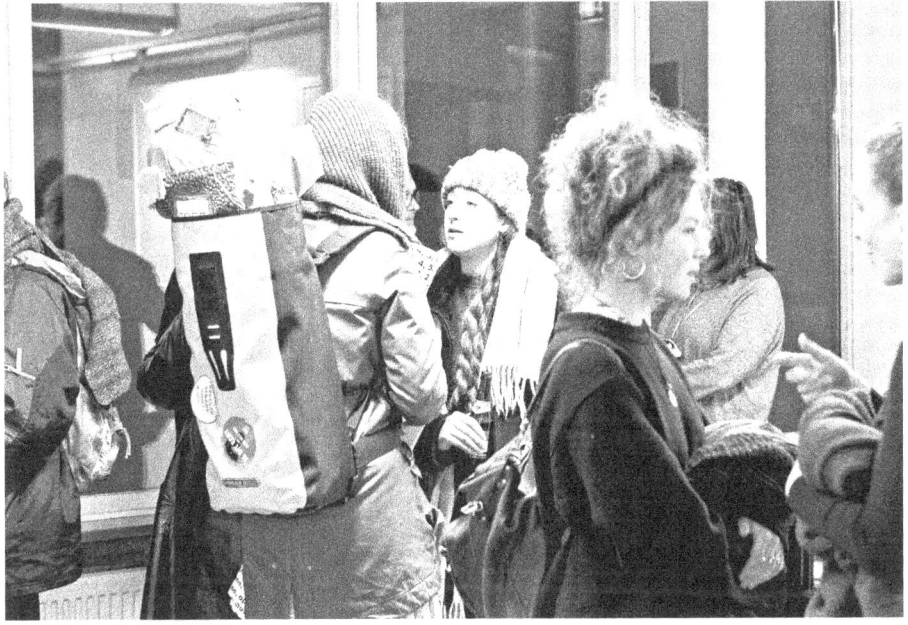

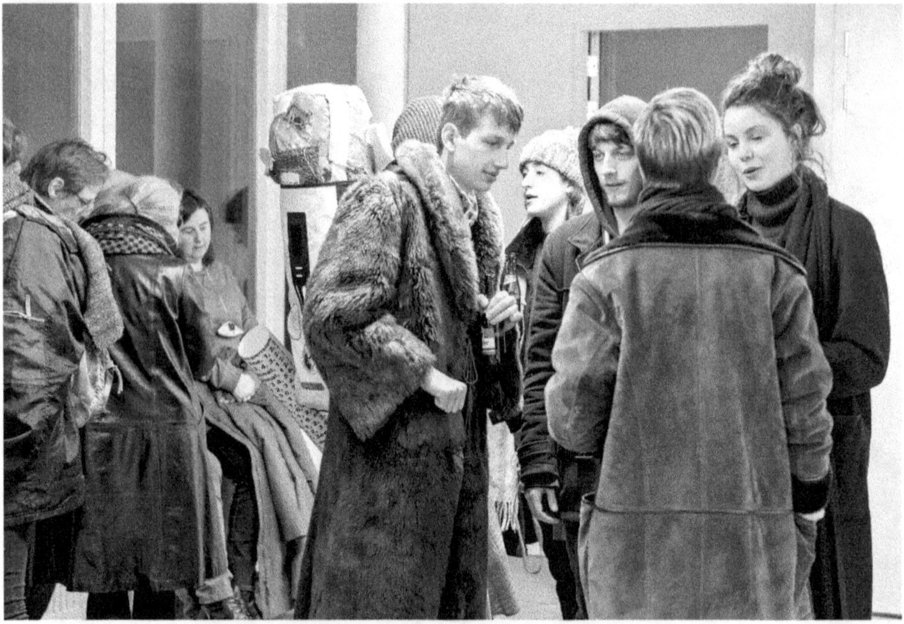

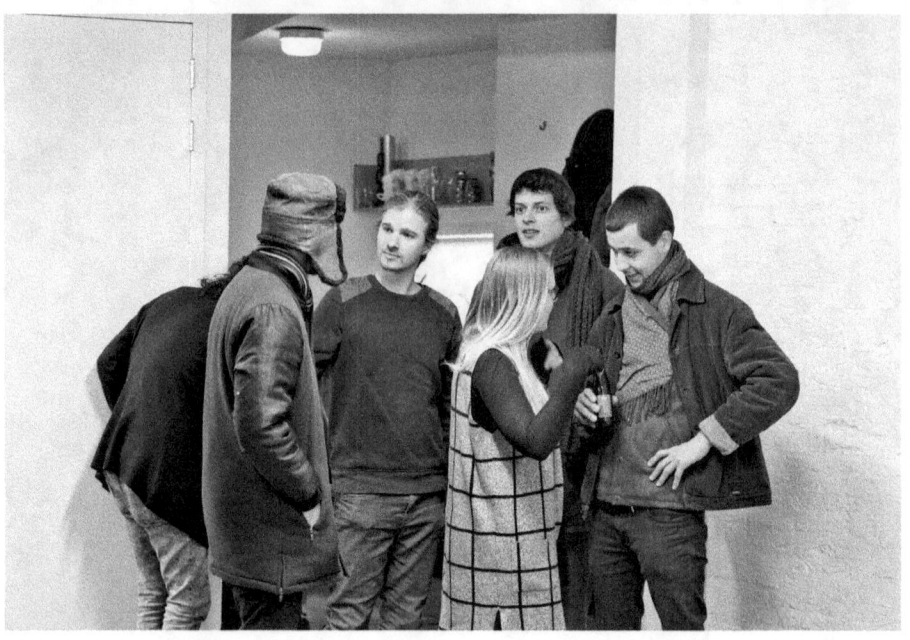

opening

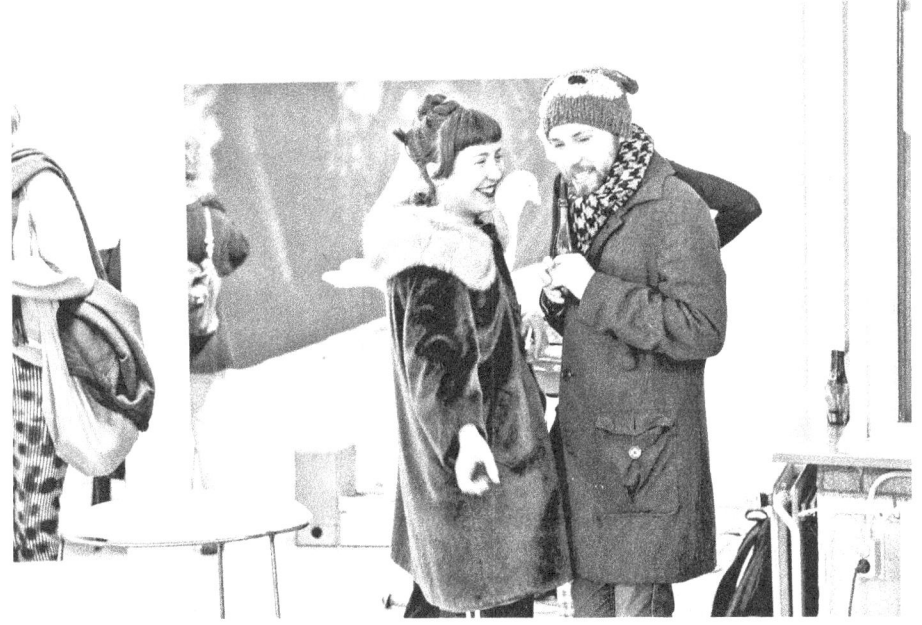

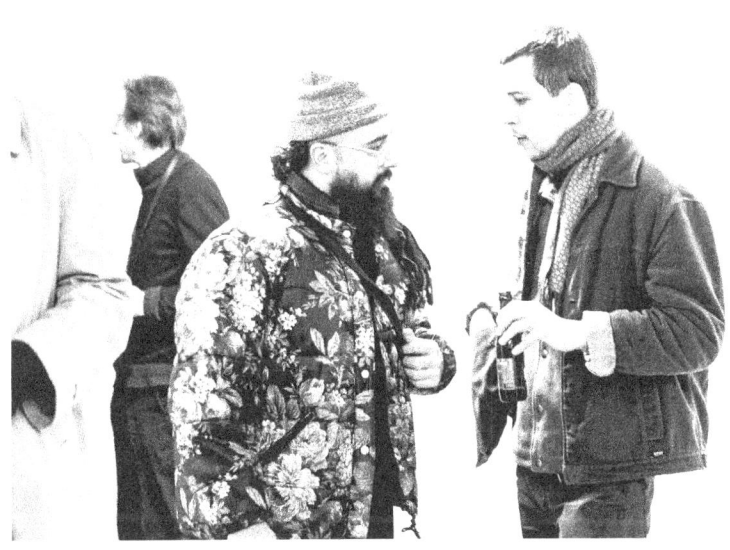

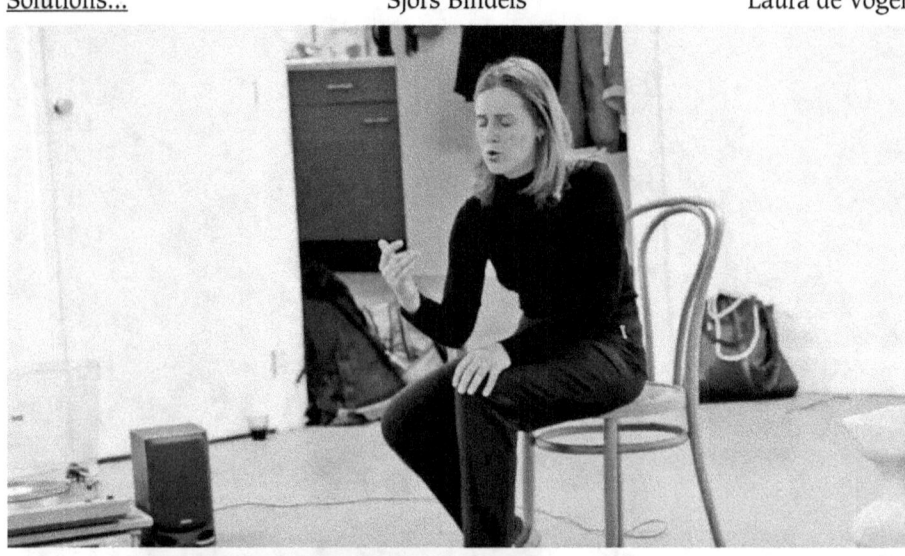

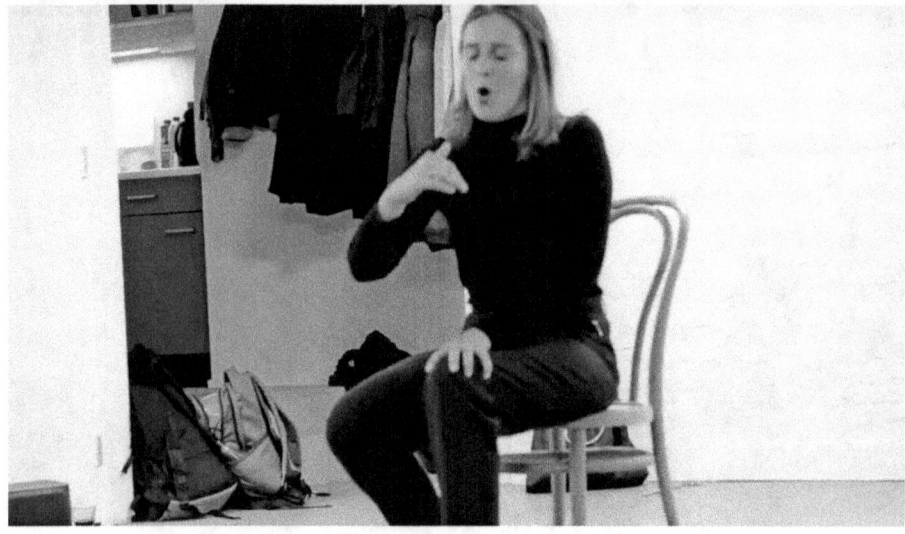

Muzikant Annelie Koning

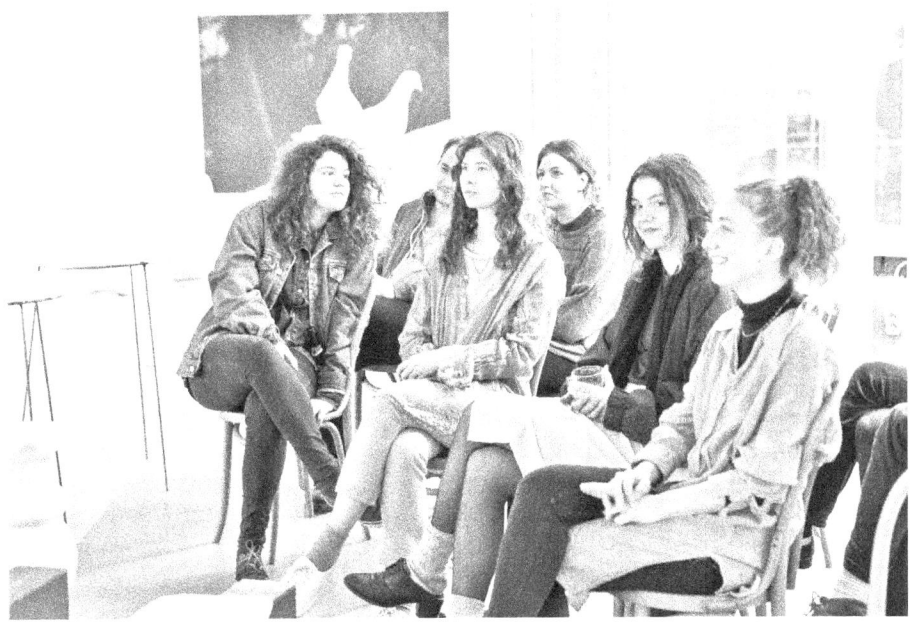

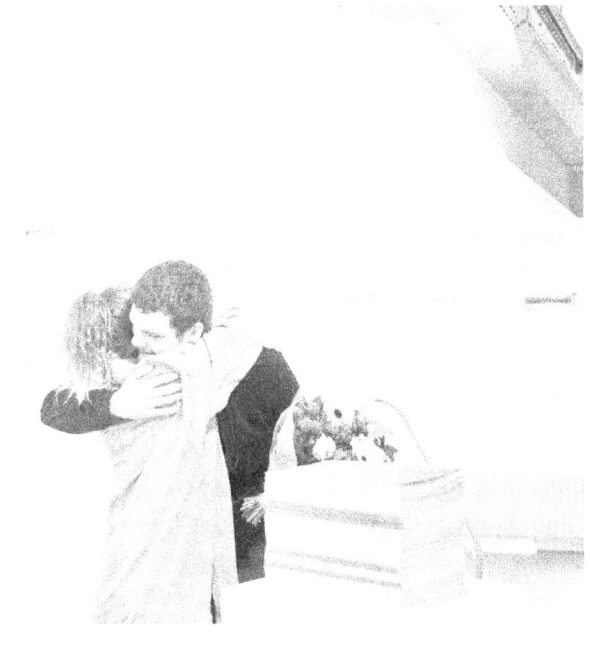

Booklaunch Matthieu Reijnoudt

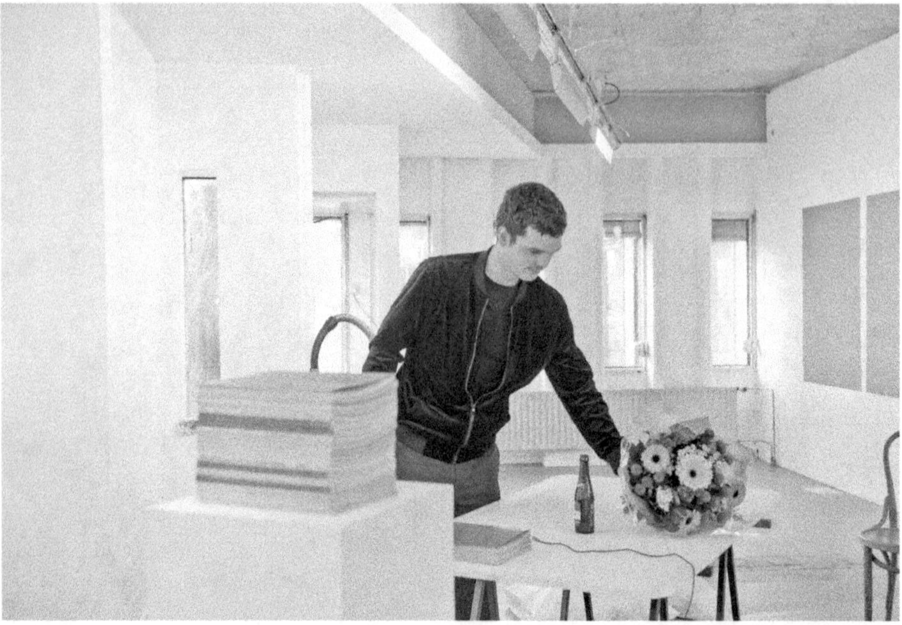

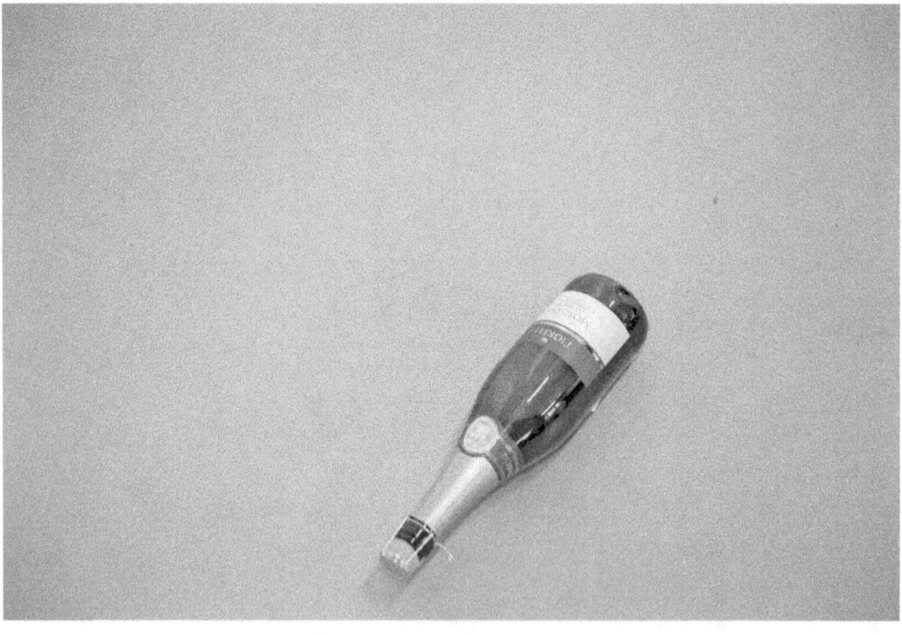

Booklaunch Matthieu Reijnoudt

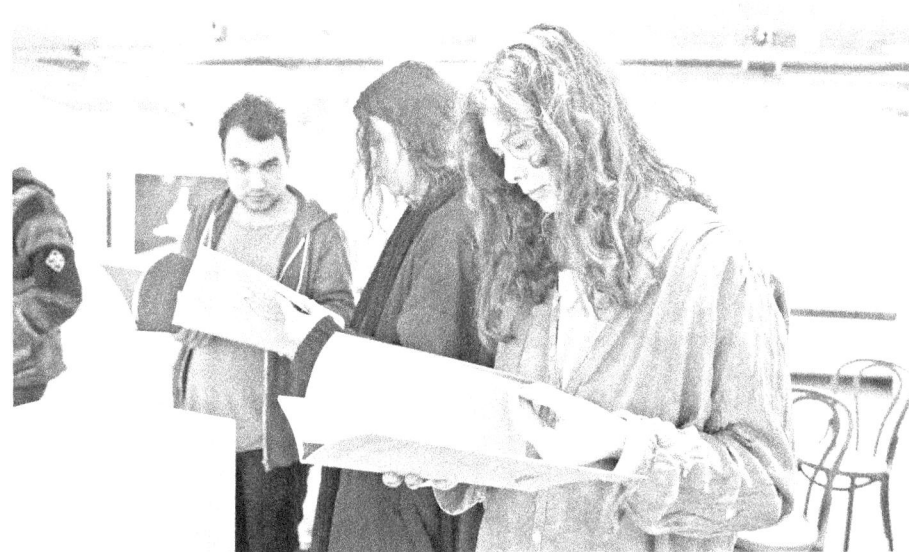

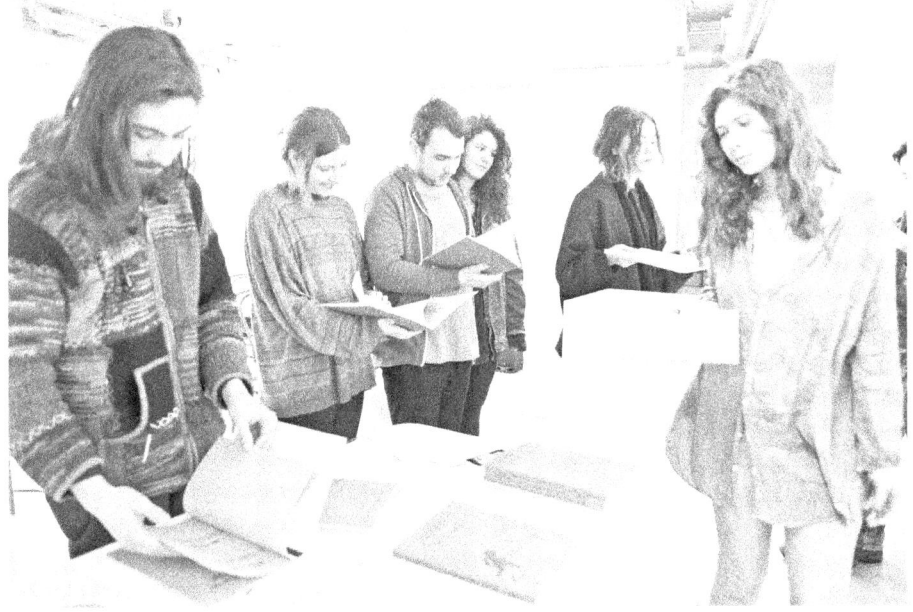

Booklaunch Matthieu Reijnoudt

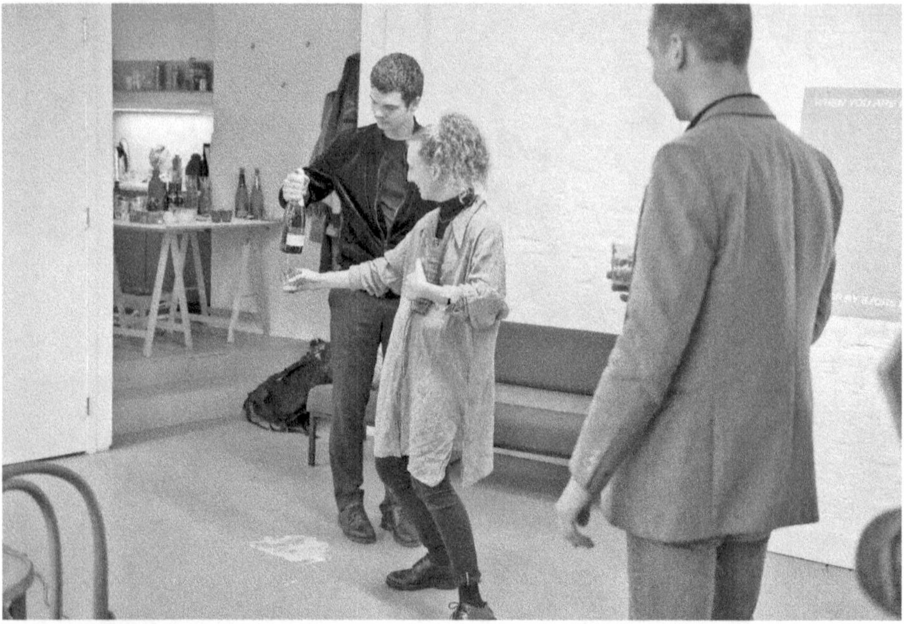

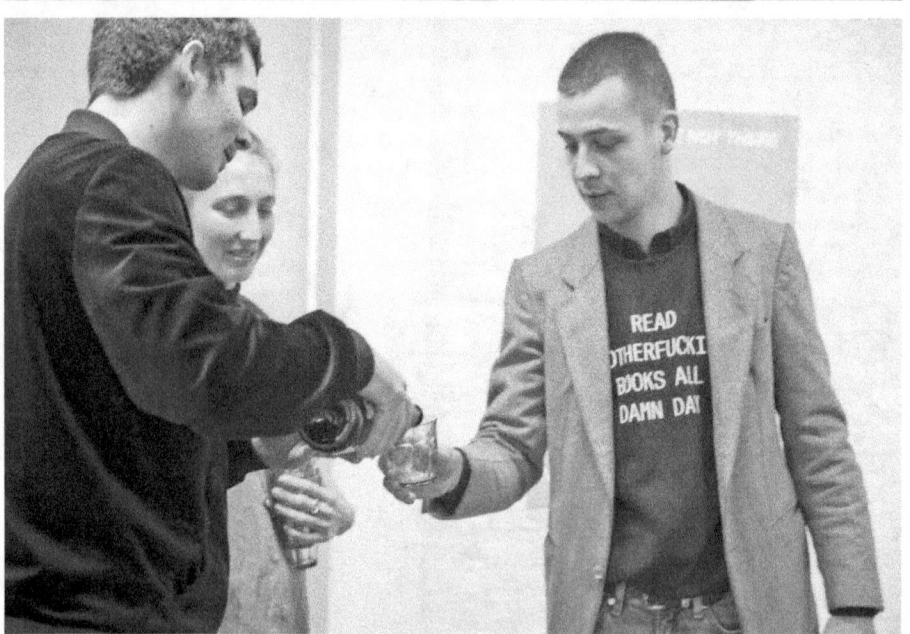

Booklaunch Matthieu Reijnoudt

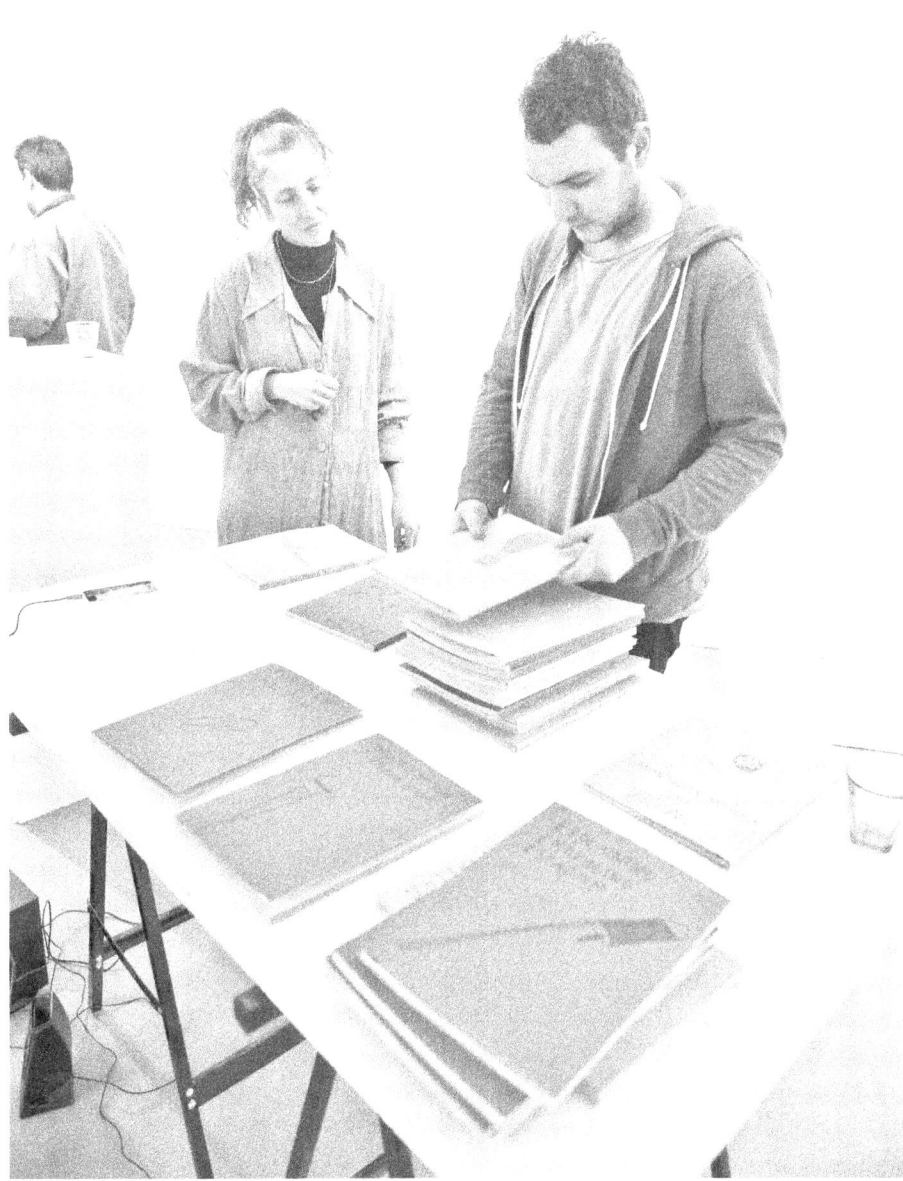

Booklaunch Matthieu Reijnoudt

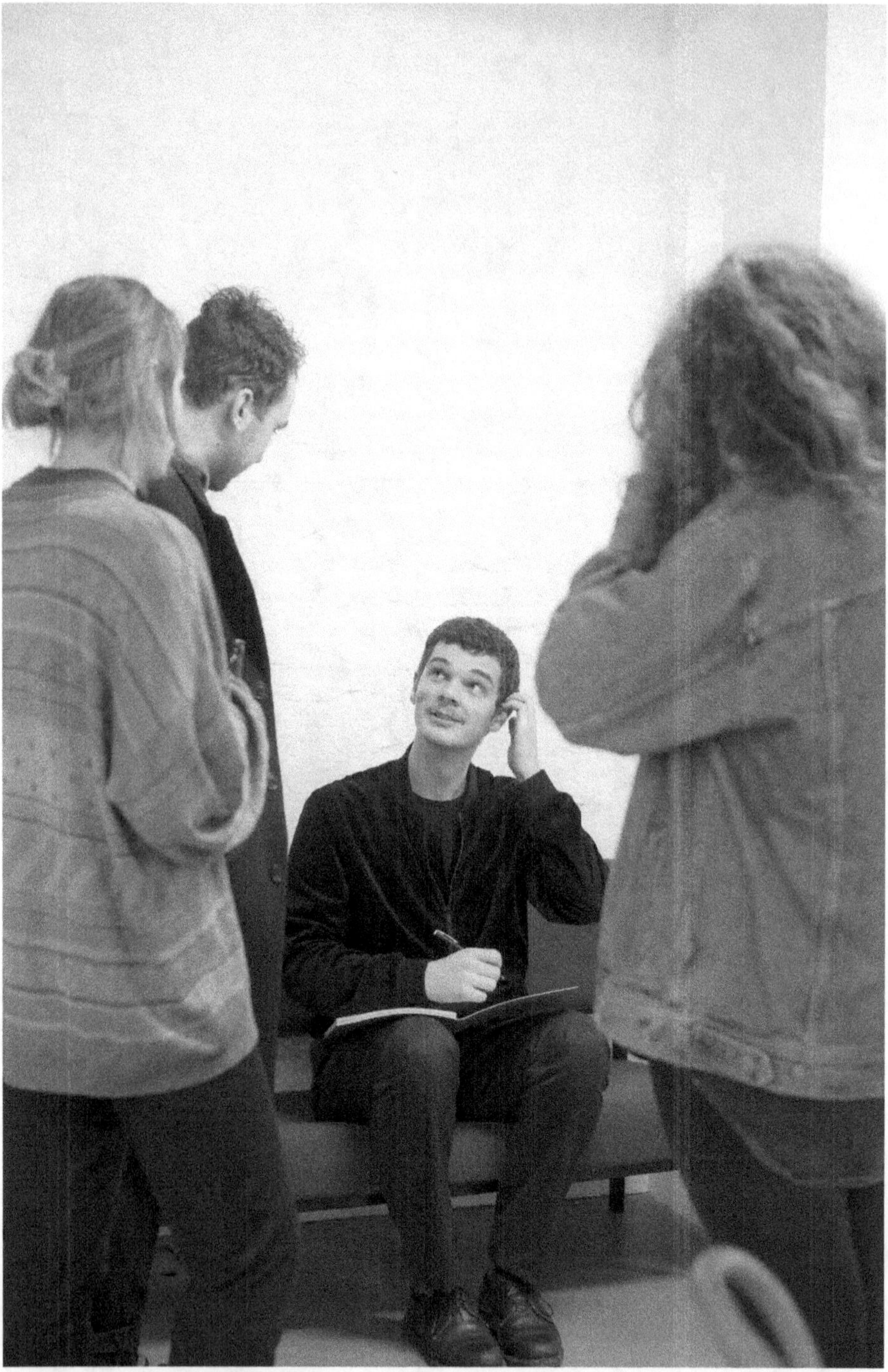

# SJORS BINDELS

Sjors Bindels (Venlo 1991) behoort tot de lichting studenten die in Arnhem in 2013 voor het eerst begon aan een studie Fine Art (nu BEAR, Base for Experiment, Art & Research) volgens het toen zojuist ingestelde systeem van tutoren en een intensief theorieprogramma. Dit jaar (2017) studeert hij af.

### Hoe is je studie in Arnhem verlopen?

Voor ik in Arnhem naar de academie ging, schilderde ik. Ik en mijn vriend Remy Custers waren schilders. Remy ging naar Sint-Lucas in Gent, ik naar Arnhem. Van disciplines buiten het schilderen, video en performance bijvoorbeeld, had ik amper weet. Dat lag voorbij mijn horizon, maar dat veranderde. In het eerste jaar heb ik zoals de meeste studenten dingen afgetast en me naast tekenen en schilderen beziggehouden met schrijven. Aan het begin van het tweede jaar stelde ik twee regels op om mezelf structuur en rust op te leggen. De eerste regel was dat ik zes uur per dag in mijn studio moest zijn. De tweede regels was dat ik elke week veertig tekeningen zou maken op A2 formaat. Dat heb ik gedaan tot ik tot de conclusie kwam dat de tekeningen leeg waren. Dat is geen aangename vaststelling. Je bent vastgelopen. Toch was er iets wat me weer aan de gang heeft gebracht. Ik onderzocht in mijn tekeningen de mogelijkheden om tekenen en schrijven te combineren? Waar ging het ene over in het andere en hoe kon je dat gebruiken? Met schrijven, anders gezegd het medium tekst, ben ik uiteindelijk verder gegaan. Met mijn tekeningen heb ik in het najaar van 2014 een installatie gepresenteerd in VM23, hier in Arnhem, in het kader van de tentoonstelling Dots that go for a walk. De tentoonstelling was ook zo'n beetje het moment waarop ik besloot dat ik afscheid moest nemen van tekenen en schilderen. Ik wilde me bezig gaan houden met media die ik niet onder de knie had en waarin ik een onhandige en onkundige beginneling zou zijn. Ik heb me na die beslissing beziggehouden met performance, schrijven en video en de mogelijkheden om de tentoonstelling en de workshop als een artistiek medium te gebruiken. Hoe kun je spelen met hun vorm en hoe kun je gebruik maken van je eigen onkunde? Onkunde en onhandigheid kunnen iets toevoegen, iets wat communicatie met het publiek bevordert. Maar dat is niet het enige. Onkunde dwingt tot improvisatie en bevordert speculatie: je laat je niet tegenhouden door al te veel kennis en je overschat uit onschuld je eigen mogelijkheden en die van het medium. Dat leidt tot mislukkingen, maar ook tot gelukkige toevallen en vondsten. Voor mij is speculeren een belangrijk onderwerp. Speculeren is in mijn ogen een vorm van creëren. Ik ben natuurlijk niet de enige of de eerste die daar zo over denkt. In het tweede jaar van mijn studie ben ik me gaan interesseren voor het werk van Graham

Harman en Quentin Meillassoux, filoso-
fen met opvattingen die tot het 'specu-
latieve materialisme' worden gerekend
en waarin speculatie als een bron van
creatie een belangrijke rol speelt.

### Hoe vertaalt een tweede- of derde-jaarsstudent ideeën afkomstig uit de speculatieve filosofie in zijn werk?

Dat is niet eenvoudig. Aan het
begin van het derde jaar heb ik opnieuw
regels geformuleerd, of beter gezegd,
een werkplan opgesteld. Ik nam me
voor om elf vazen te maken. Dat plan of
project, de titel was Eleven Vases, heb
ik uitgevoerd, zij het dat ik uiteindelijk
niet elf, maar acht vazen heb gemaakt.
Een onvolkomenheid. Om die onvolkomenheid te benadrukken ben ik het
project niettemin Eleven Vases blijven
noemen. Iedere vaas weegt iets van 2
kilo en is ongeveer 67 centimeter, zo
hoog als de oven waarin ze zijn gebak-
ken.

### Wat schiet je op met het maken van elf of acht vazen?

Niets. Maar je moet iets doen.
Zitten niksen of piekeren brengt je niet
verder. Om een eigen praktijk te ont-
wikkelen, om iets te hebben waarover
je zinvol kunt reflecteren, zal er iets uit
je handen moeten komen, hoe slecht
of zinloos het ook is. Nadenken over
werk dat mislukt, zinloos en zonder
betekenis lijk, kan in sommige gevallen
trouwens heel vruchtbaar zijn voor je
ontwikkeling. Mijn vazen stan al een

tijd in mijn studio. Je leert je werk pas
echt kennen door er dagelijks mee om te
gaan. Je bouwt een band op. Aanvankelijk waren alle vazen ongeglazuurd. Ik
heb er later een paar geglazuurd omdat
ze dat verdienden. Overigens heb ik niet
alleen die vazen gemaakt. Ik heb een
tentoonstelling gemaakt met het werk
van anderen die Who is the ruler heette.
En verder heb ik veel tijd gestoken in
het bedenken en het experimenteren
met de presentatie en de uitvoering van
workshops.

### Wat heb je gedaan of laten zien in Circa..dit?

Laura de Vogel en ik besloten
dat we geen statische tentoonstelling
wilden maken. We wilden van Circa...dit
juist een plek maken waar voortdurend
wat te doen zou zijn, waar mensen bij-
eenkwamen en alles steeds veranderde.
We wilden de ruimte tijdens de tentoonstelling volprogrammeren en voor dat
volle programma hebben we de ruimte
ingericht. Er lag een songtekst, de
aankondiging van een workshop en er
was een microfoon die de hele tijd open
stond. Ik had mijn witte vazen meege-
bracht en omdat ik die vazen als duo
exposeerde, een affiche opgehangen van
twee witte duiven. Om het gegeven van
het duo, het paar en het monogame te
onderzoeken had ik ook twee witte kus-
sens meegenomen en twee ceramische
schotten die je aantreft op openbare
toiletten. De roze pootjes van de duiven
op het affiche waren een aanleiding om

met Laura de Vogel een roze wandschildering te maken. Het programma voor deze plek is voor een deel denkbeeldig gebleven. Er was wel een booklaunch. Matthieu Reinoudt presenteerde zijn boek met zestig tekeningen. Ik heb een workshop gedaan met middelbare scholieren over speculatie en creatie en een performance uitgevoerd als afsluiting. Deze tentoonstelling was voor mij een mogelijkheid om verder te werken aan mijn onderzoek van de workshop en de meeting als artistieke media. Een workshop is een vorm van overdracht van kennis en praktische vaardigheden. Hoe kun je de grenzen opzoeken van die vorm om tot iets nieuws te komen en wanneer overschrijdt je die vorm en is van communicatie of overdracht geen sprake meer? Een interessante vraag is wat de betekenis en de mogelijkheden zouden kunnen zijn van ogenschijnlijke bijzaken als de hulpmiddelen, de plek van bijeenkomst, het verloop ervan en de pauze. Interessant is ook de vraag wat je zou kunnen doen met wat er overblijft als de workshop is afgelopen en in de ruimte waar het zich allemaal afspeelde alleen de objecten zijn overgebleven.

**Heb je er iets van opgestoken?**

Je werkt en denkt met iemand samen. Dat is voor mij het belangrijkste. Je moet overleggen en concessies doen. Je komt voor teleurstellingen te staan. Je doet vondsten en vindt samen oplossingen voor problemen die zo nu en dan euforisch stemmen. De tentoonstelling heette Solutions to a non- existing problem. Laura de Vogel en ik hebben de ruimte ingericht en gespeculeerd over een programma. Ik verwacht dat een deel van wat we bedachten, maar door een gebrek aan tijd en middelen niet konden uitvoeren, in onze volgende projecten uiteindelijk een concrete vorm zal krijgen.

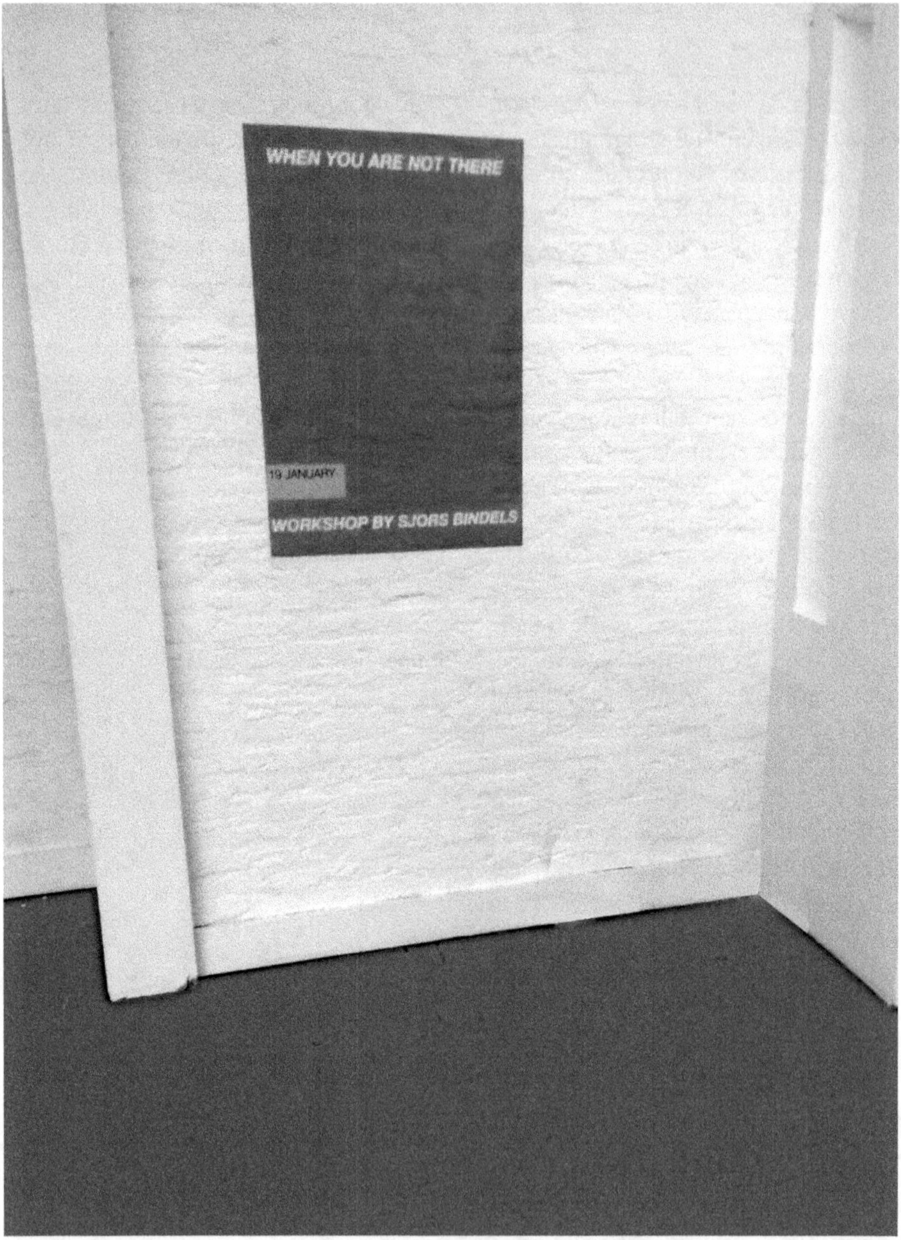

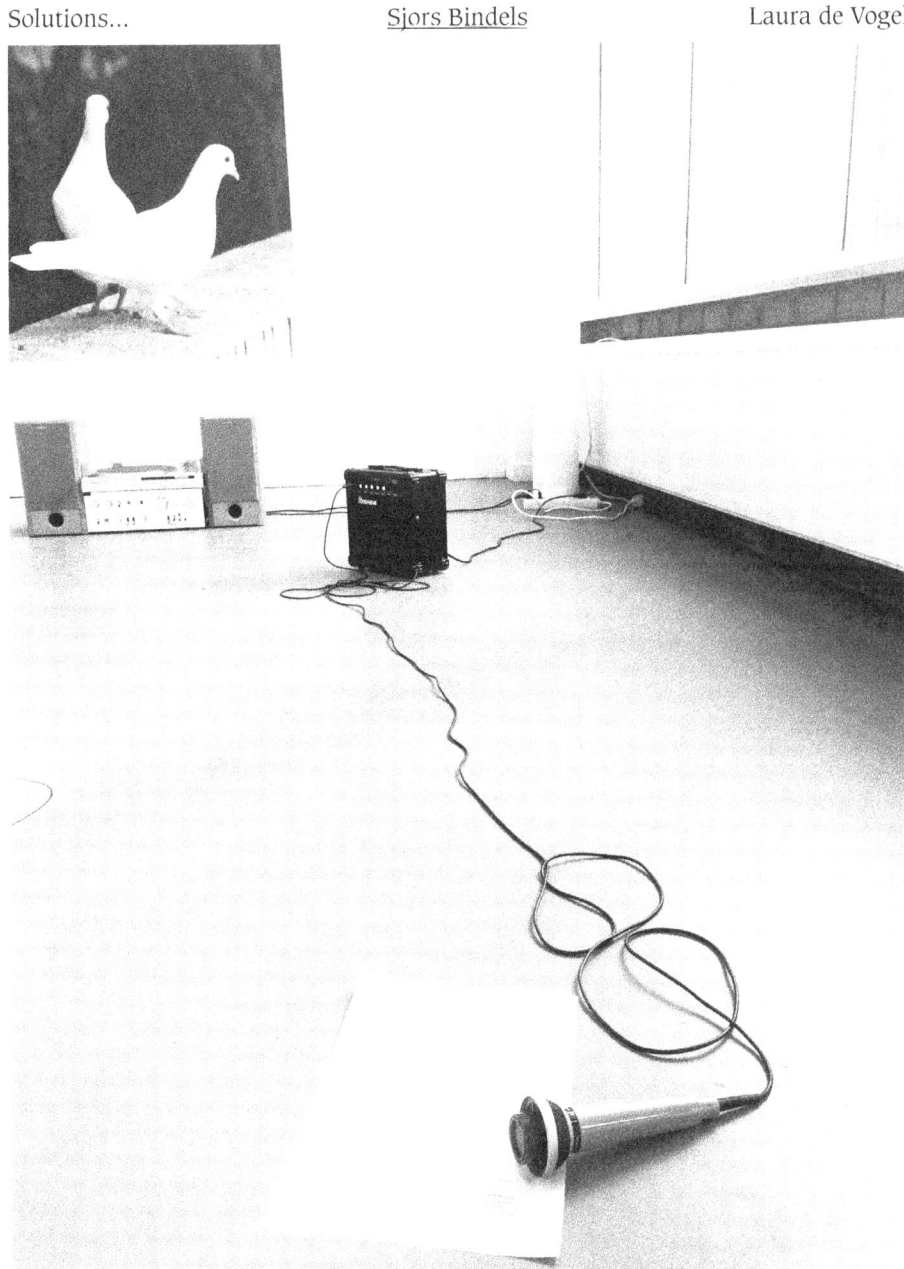

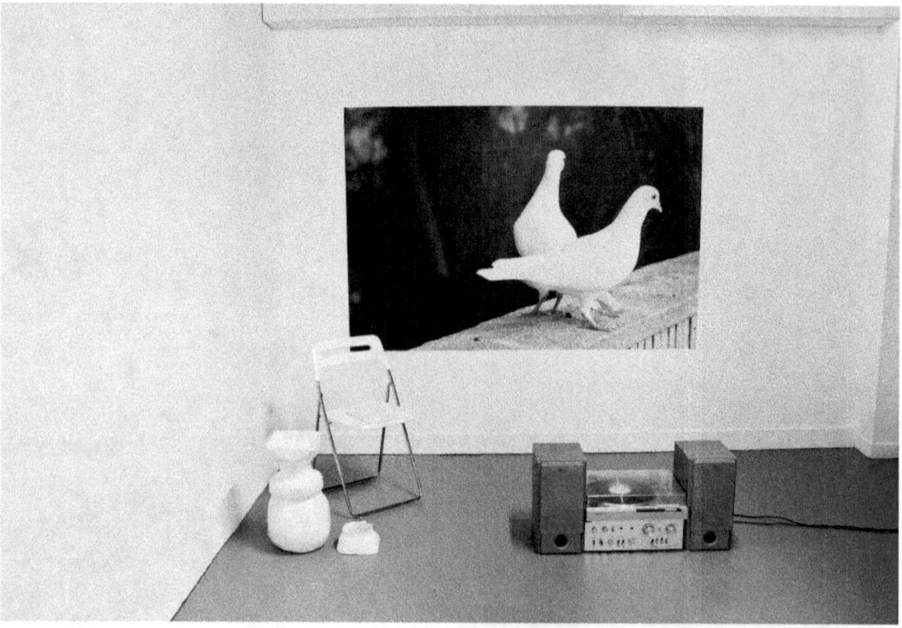

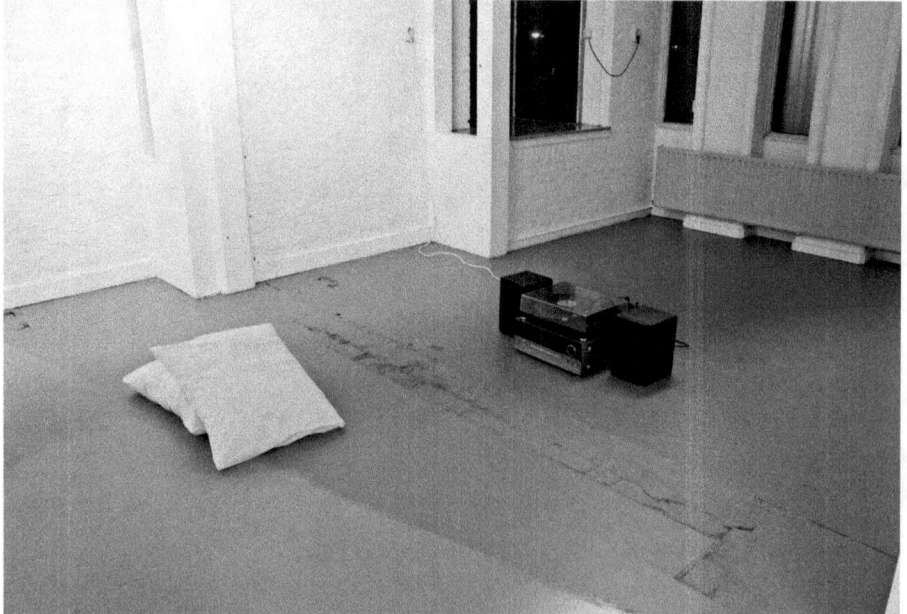

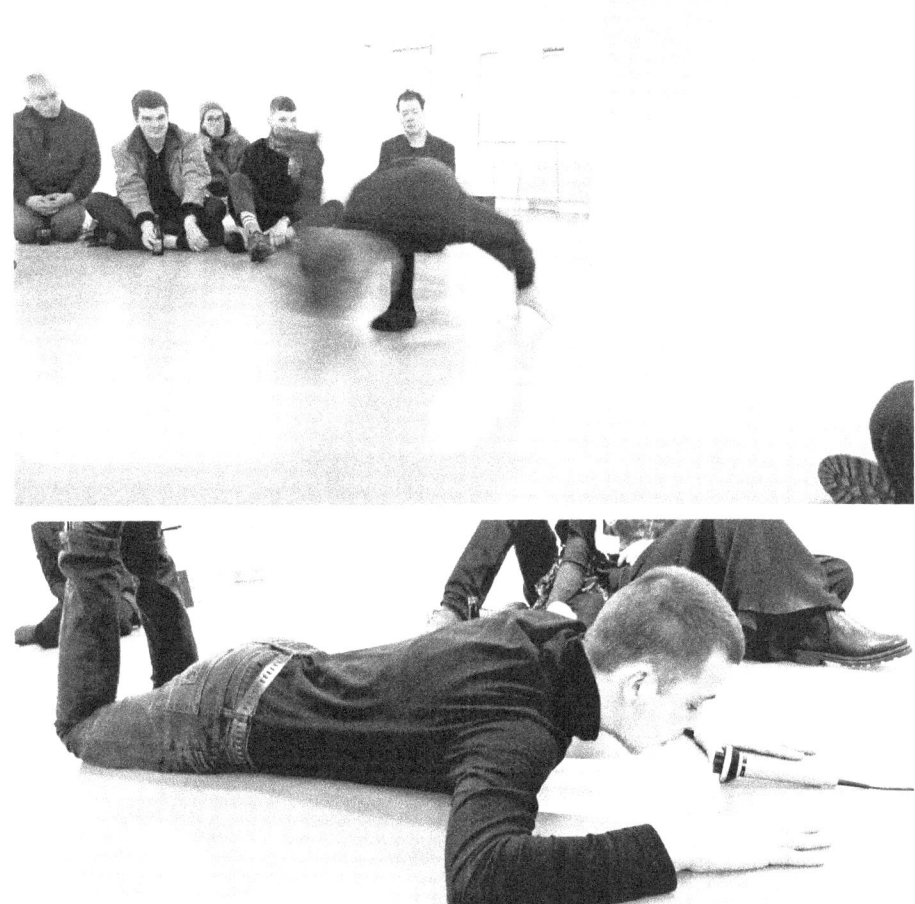

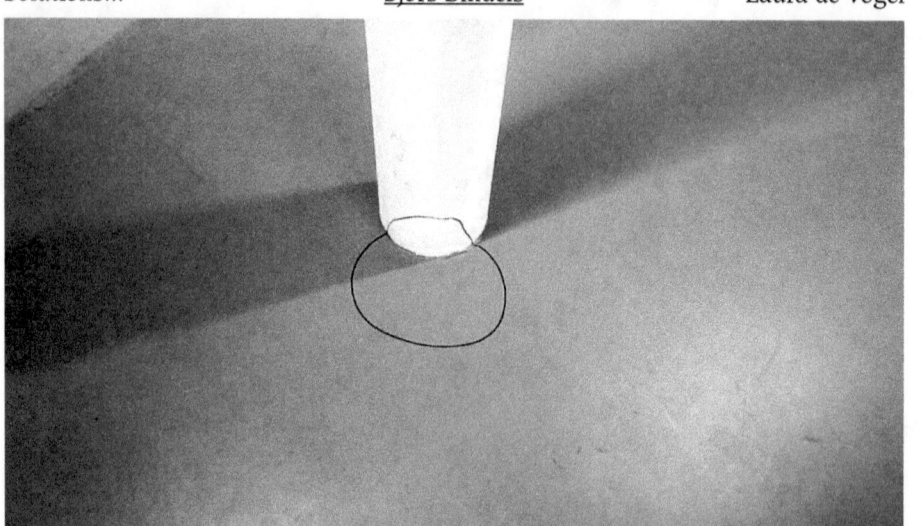

# LAURA DE VOGEL

*18 05 2017*

Laura de Vogel (Dordrecht 1990) bracht haar jeugd door op Aruba. Ze studeerde aan het Grafisch Lyceum Utrecht en behaalde in 2016 haar bachelorsdiploma aan de afdeling BEAR van ArtEZ in Arnhem.

Waar hield je je tijdens je studie mee bezig?
Ik heb me na het tweede jaar op verschillende dingen gericht, onder andere op performances en het bouwen van installaties. Mijn studio in de academie richtte ik in met op straat en in goedkope spullenwinkels gevonden objecten. Ik wilde een verzameling aanleggen van dingen die je gelukkig zouden stemmen. Omdat veel van die objecten roze bleken te zijn, verfde ik mijn studio roze en zo ontstond uit de collectie een installatie. Het roze speelde weer een rol in een performance in de open lucht waarbij ik voor een witte wand, en zelf roze geverfd en in het roze gekleed, een roze rooksignaal afsteek. Rooksignalen zijn intrigerend. Ze staan voor het begin van de menselijke communicatie en het overwinnen van afstand. Om het project in de buitenlucht te verbinden met mijn andere werk, heb ik vervolgens ook kleine rooksignalen gemaakt in mijn eigen, roze geschilderde studio. Ik werkte tijdens mijn studie vooral vanuit mijn eigen impulsen en wat in mijn directe omgeving gebeurde en waar ik tegenaan

liep. Ik wilde wel grote kunst thema's aansnijden, maar daarvoor mis je als student voldoende basis en dus zoek je het dichter bij huis. Bij mijn performances en het bouwen van installaties speelde video een belangrijke rol. Ik wilde niet alleen het eindresultaat, mijn installaties en performances, op video vastleggen, ik wilde ook laten zien hoe ze tot stand kwamen. Een prikkel om werk te maken was voor mij deels het materiaal. Ik heb iets met balken, stenen en andere bouw- en sloopmaterialen. Ik heb ook iets met goedkope massaproducten en prullaria. Met dat soort materialen ga ik aan de gang. Ik hou ervan om een beetje te rouwdouwen, om zo nu en dan lomp met het materiaal om te gaan, hoewel ik mijn werk er vreemd genoeg altijd fragiel uit vind zien. Een andere bron van mijn werk is muziek, het maken van muziek met dingen die je vindt of met instrumenten die ik zelf maak.

Waaruit bestond je eindexamen bij BEAR?
Ik had besloten om af te studeren met een dansperformance. Ik wilde alles in de hand houden, bedenken en maken: de choreografie, de props, de kleding en wat er verder bij kwam kijken. Uit dit voornemen en alles wat ik heb gedaan en gemaakt om het te realiseren, is mijn installatie The magic happens outside the magic circle voortgekomen. De videoregistraties en foto's van het

werkproces werden net als wat eruit voortkwam, zoals de sculpturale deco-robjecten, onderdeel van de installatie. De interactie met de objecten gebruikte ik weer voor videoregistraties. Ook de muziek maakte ik zelf. Via internet heb ik een oliedrum besteld en die bewerkt om er een steelpan van te maken die als object deel was van de installatie en die ik gebruikte voor een geluidsopname. De geluidsopname, gemaakt met Kasper Föhres, een student van het conservatorium, heb ik in delen op vinyl, langspeelplaten, laten overbrengen die in de installatie op vier platenspelers werden afgespeeld. Ik heb afgietsels gemaakt van mijn voeten en de afgietsels gebruikt om zelf schoenen te maken voor mijn dans. Mijn artistic research richtte zich op spel, het maken van muziek en dansscores en het gebruik van improvisatie. Het werk is serieus, maar heeft onbedoelde, humor-istische kanten. Ik probeer bijvoorbeeld met allerlei onconventionele materialen keer op keer een schoen te maken. Dat zorgt voor een bepaalde lulligheid. In de video-opnames die in mijn atelier zijn gefilmd, zie je het proces hiervan. Het maakproces en het onderzoek dat leidde naar The magic happens outside the magic circle vatte ik samen in een reeks van kernwoorden die ik gebruikte voor mijn op video getapete en in de instal-latie op beeldscherm getoonde dansper-formance.

Wat heb je na je eindexamen gedaan? Ik heb workshops gevolgd en deelge-nomen aan de performance van Allora & Calzadilla in het kader van het project Breathing space in Museum Arnhem. En verder nam ik als artist in residence deel aan Caribbean Linked IV, een jaarlijks project op Aruba met deelnemers van Jamaica, de Bahama's, Guyana, Trini-dad, Haïti en andere Caribische landen en staten. De bedoeling is om kunste-naars uit het Caribisch gebied bij elkaar te brengen en uitwisseling en samenw-erking te bevorderen. Het gebied is voor Nederlandse begrippen groot en divers, maar bewoners van het Caribische gebied hebben veel gemeen. Een van die dingen is het feit dat hun eigen cultuur en hun eigen geschiedenis uit het zicht zijn geraakt door de Amerikanisering en modernisering. De stroom Amerikaanse toeristen is na de Tweede Wereldoorlog onmisbaar geworden om de Caribische economie op gang te houden. Maar de bewoners van de Cariben zijn hun eigen cultuur, identiteit en geschiedenis steeds meer kwijtgeraakt. Wezenlijke ele-menten daarvan zijn vergeten of op de achtergrond geraakt. Alles veranderde in een hele korte tijd. Modernisering en je snel kunnen aanpassen aan alle nieuwe ontwikkelingen in de wereld werd, en wordt, als iets goeds gezien. Bij wat men daarvoor opgaf werd vaak niet stilgestaan. Het is een vergeten aspect van het koloniale verleden dat we ons zo snel hebben weten aan te passen. Aan de andere kant is dat ook iets moois, omdat het resultaat een enorm gevarieerde en diverse cultuur is. De laatste jaren zie je een omslag. Mensen gaan weer op zoek naar hun wortels, zelfs toeristen beginnen de vraag te stellen naar wat in het Caribische gebied nog over is van de eigen identiteit en het verleden. Kunstenaars kunnen, naar mijn mening, in het proces van het hervinden en revitaliseren van de eigen cultuur een rol spelen. Ze kunnen dingen zichtbaar maken. Ik heb in mijn bijdrage aan Caribbean Linked IV het verschijnsel van het geblindeerde raam onderzocht. Op Aruba rijden nogal wat auto's rond met geblindeerde ramen. Deze autoramen heb ik als metafoor gebruikt voor een vorm van communicatie die mij opvalt op het eiland. De onaangename kanten van de dagelijkse werkelijkheid worden vaak mooier neergezet dan ze zijn. Op Aruba heet dat 'floria cos', verbloemen: het romantiseren en liever kijken naar de dingen die mooi zijn, om zo de dingen die niet mooi zijn dragelijker te maken. Dit idee verwerkte ik in de titel van het werk: Mane un Bouquet/Bukét Di Flor Cu Wowo Sera. In het Nederlands: Als een boeket bloemen met haar ogen dicht. Ik heb een installatie gemaakt van geblindeerde autoruiten, glas dat ik vond op straat en foto's van begraafplaatsen, genomen vanuit een laag camerastandpunt. De graven op Arubaanse begraafplaatsen bevinden zich boven de grond, een soort felgekleurde huisjes waar ter herdenking kunstbloemen worden neergelegd. Die bloemen dienen als versiering. Dat ze van plastic zijn, heeft een praktische reden. Echte bloemen houden het in het heersende klimaat niet uit.

Wat heb je in Circa...dit gedaan?
We hadden niet meer dan een week om de tentoonstelling en het programma voor te bereiden. We hebben eerst gesproken wat we konden doen. Ik had mijn vier platenspelers meegenomen en Sjors nam zijn vazen mee. We hebben een opening georganiseerd en een book launch. We hebben een theorie-klas van de academie ontvangen en Sjors heeft een workshop gedaan met middelbare scholieren die op bezoek kwamen. De leerlingen moesten een vorm bedenken en de kleur ervan. Ze moesten het materiaal bedenken en meer van dat soort dingen. Tenslotte moesten ze een zin bedenken die het geheel zou beschrijven en die de titel zou kunnen vormen. Op die manier maakten ze een denkbeeldig kunstwerk, iets wat ik erg geslaagd vond. We waren ook van plan om een Movie Night te organiseren, maar dat is ons niet gelukt. Sjors en ik wilden heel graag samen een werk maken. We zijn begonnen met het ophangen van affiches. Daar zijn we overheen gaan tekenen, maar het werd na een hoop geploeter helemaal niets. Sjors wilde er mee ophouden. Ik vond dat we onze mislukking moesten gebruiken. Ik ben met een

van Sjors zijn werken, een vergroting
van een foto van een paar witte duiven
met roze pootjes, naar de praxis gegaan
en heb daar een pot muurverf laten
aanmaken in precies dezelfde roze kleur
als de duivenpootjes op het affiches. Dat
kan bij de Praxis dankzij de kleurco-
descanner. Met de verf hebben we een
muurschildering gemaakt, een aantal
vlakken op de plek waar ons mislukte
teken experiment had gehangen. Voor
de finissage hebben ik en Robin Kersten
waarmee ik het muziekcollectief Platina
Bourbon vorm, plastic zakken opgehangen. Daaruit druppelde whisky in
de vazen van Sjors die we uit schonken
aan bezoekers. Dat alles ging gepaard
met plas- en spoelgeluiden uit de toiletten beneden die met de expositieruimte
waren verbonden via een microfoon.

Wat heb je ervan geleerd?
Niet opgegeven en uit een mislukking
toch een werk slepen.

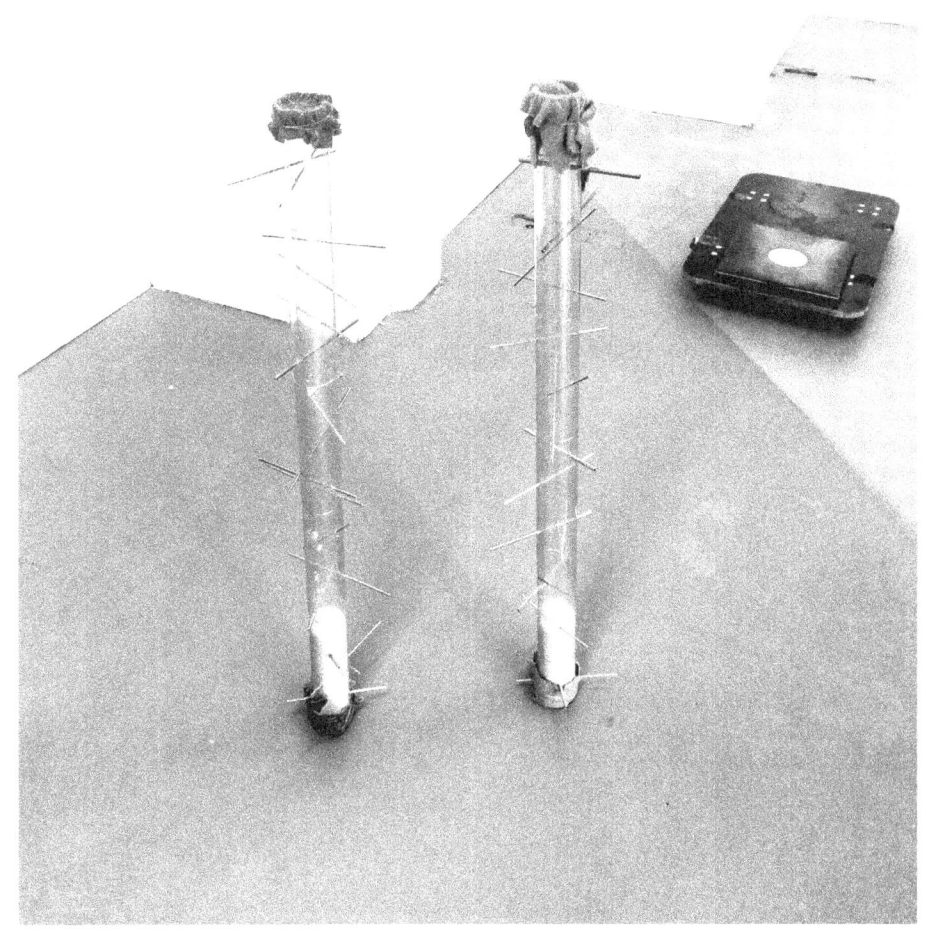

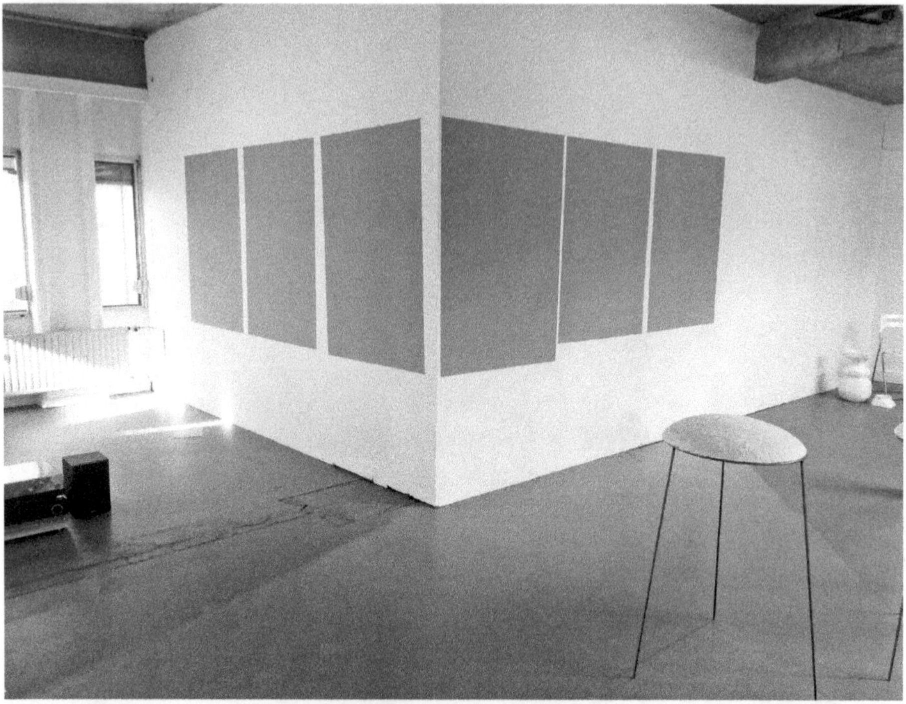

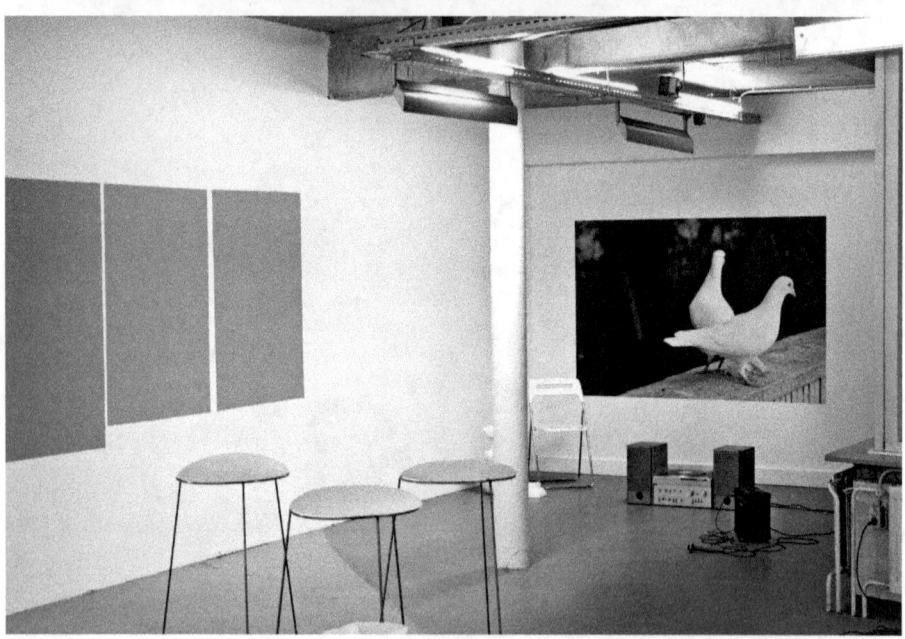

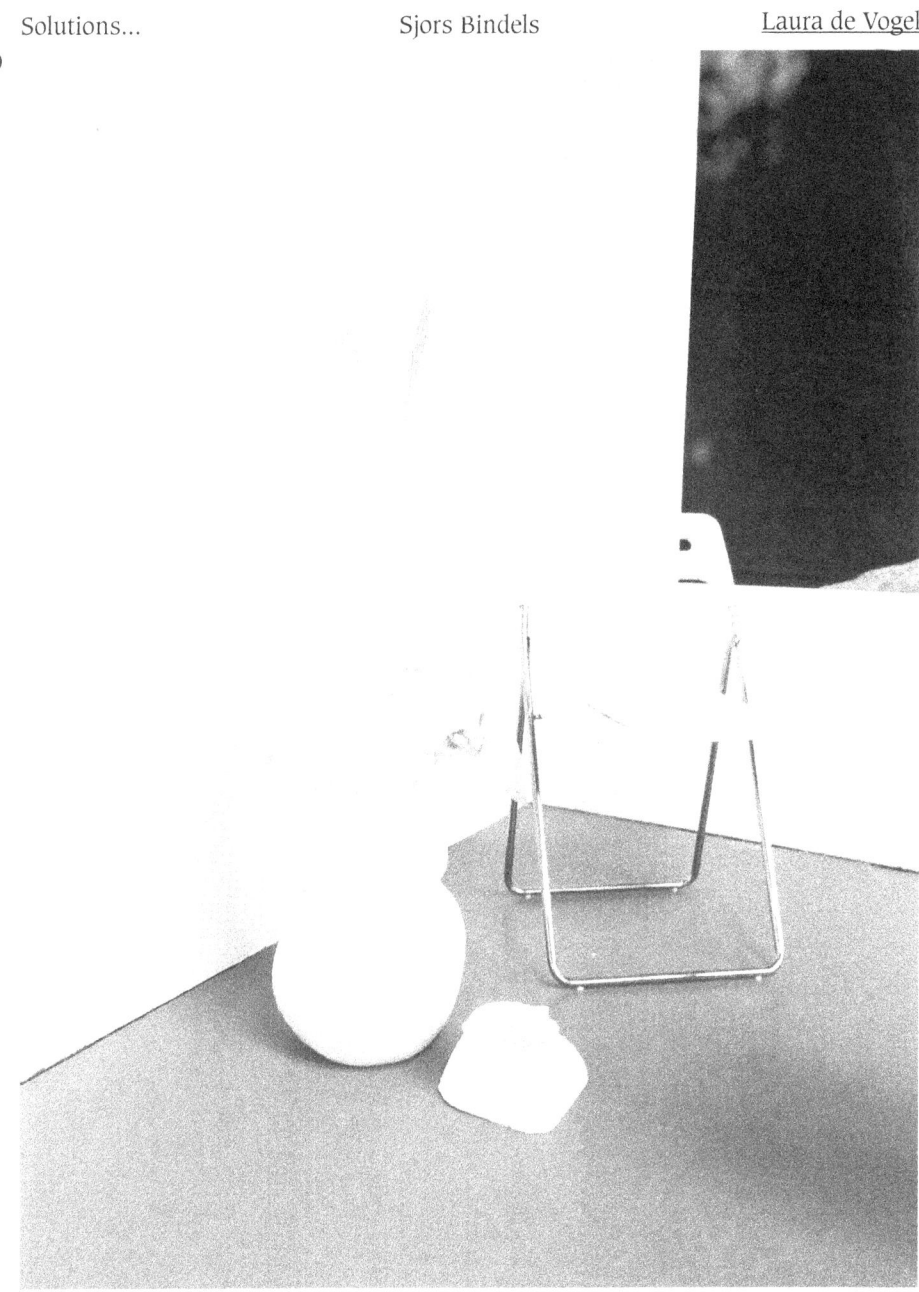

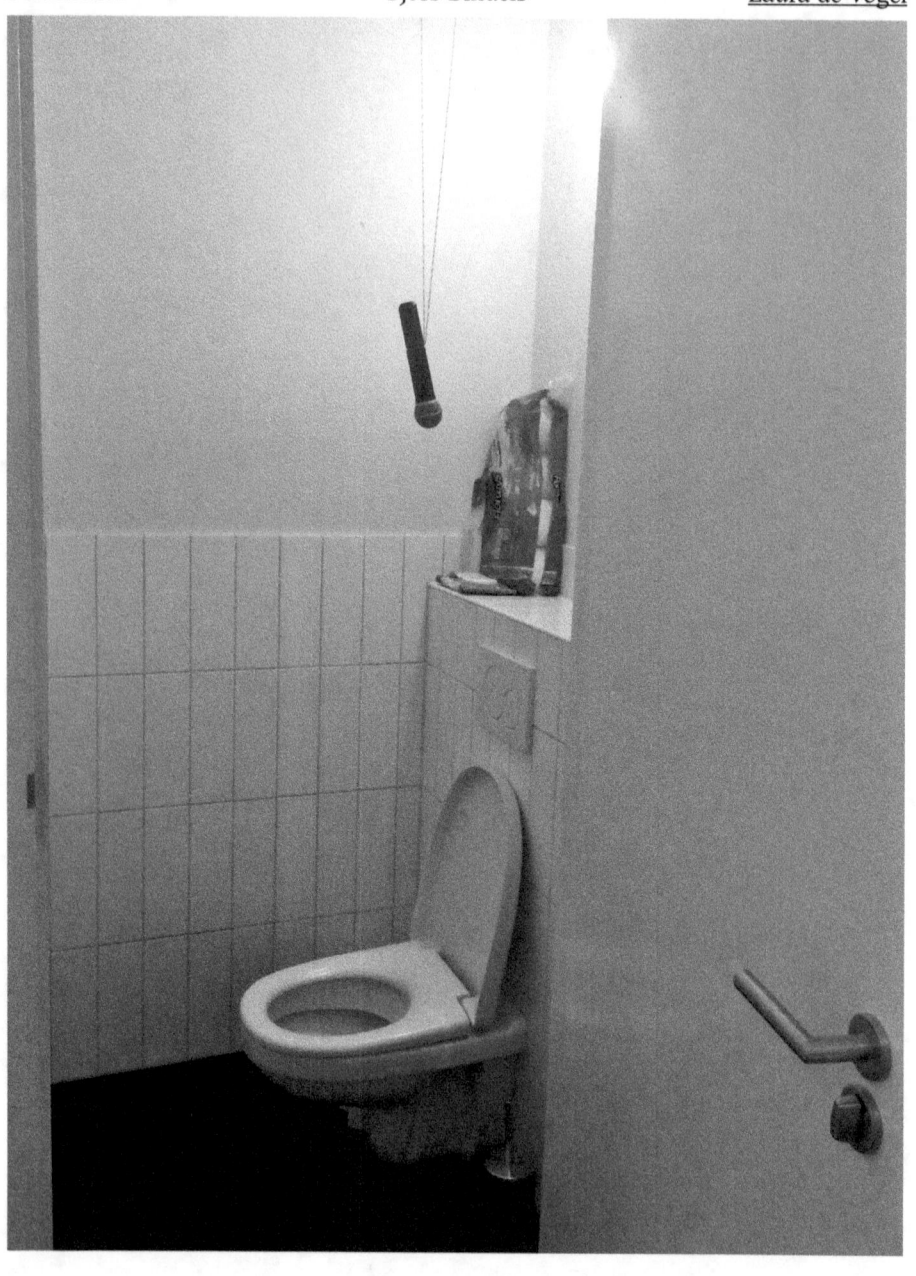

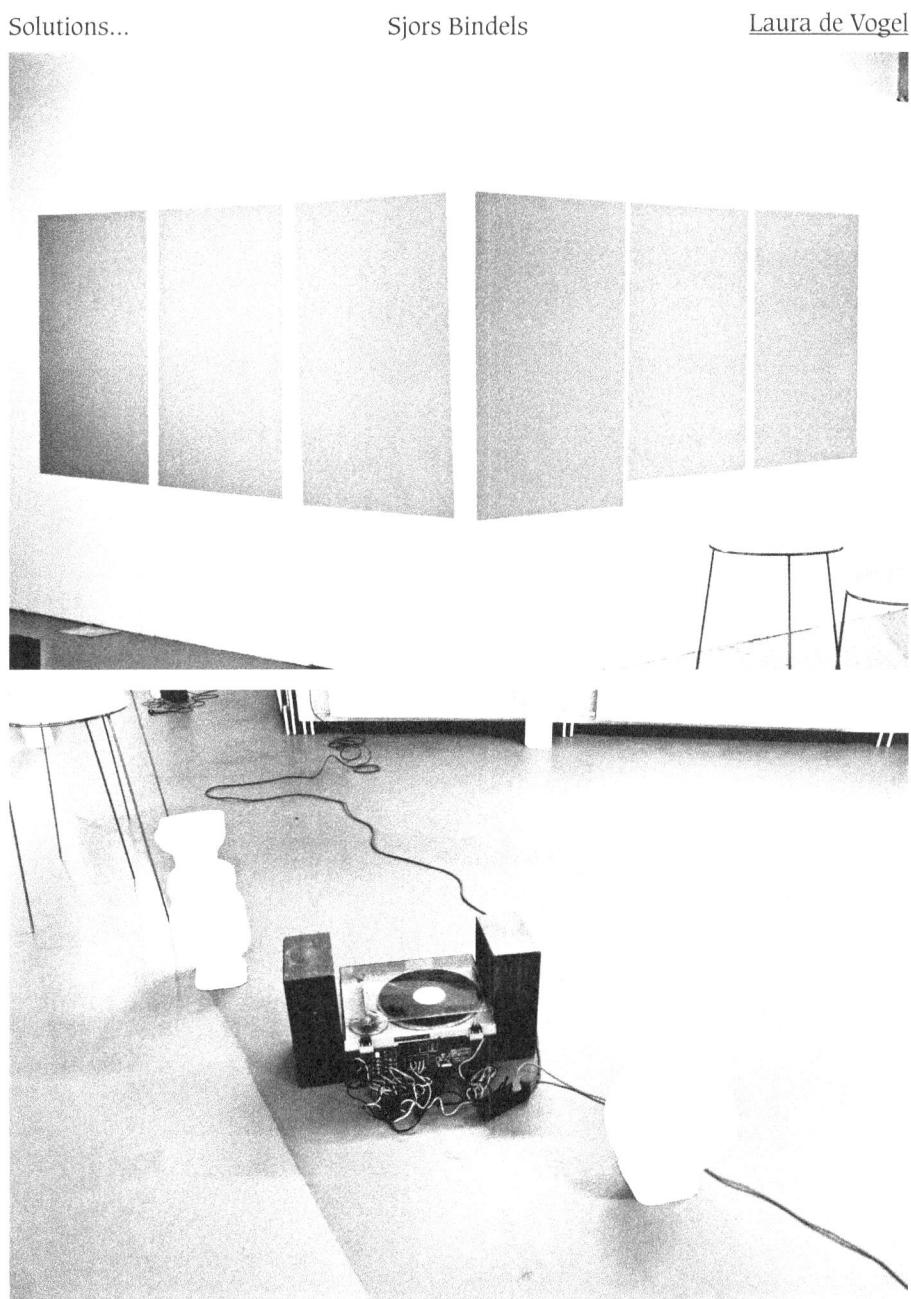

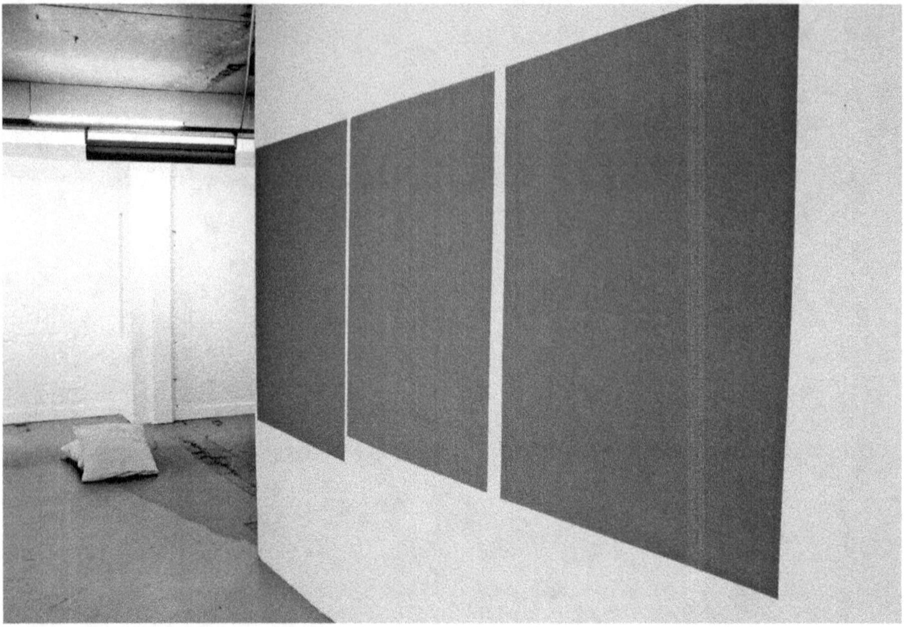

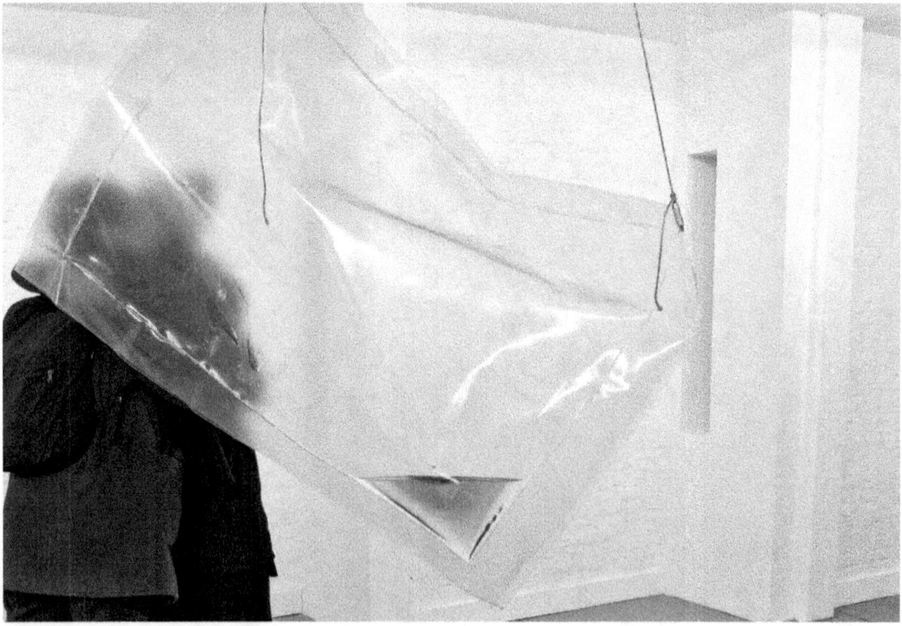

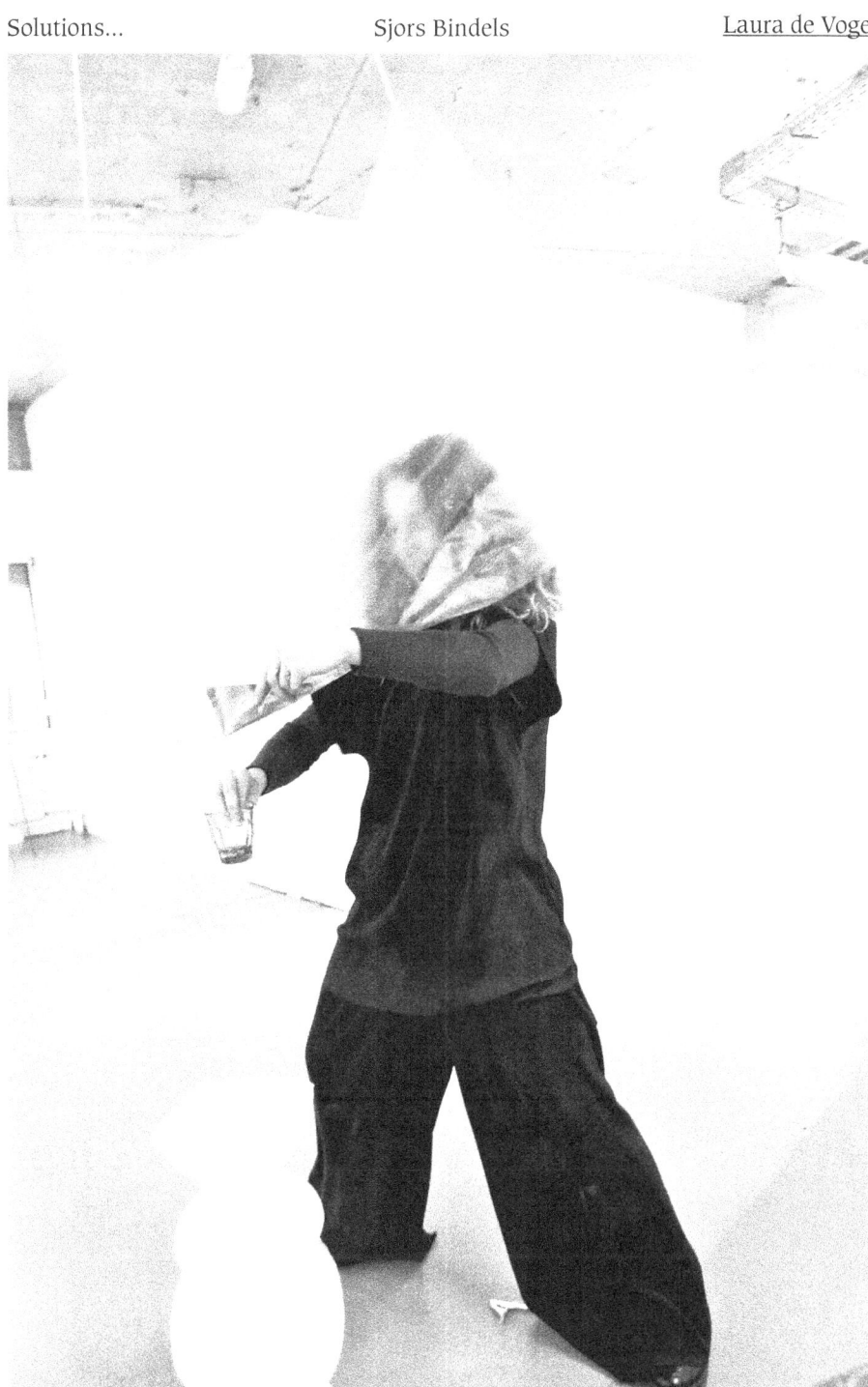

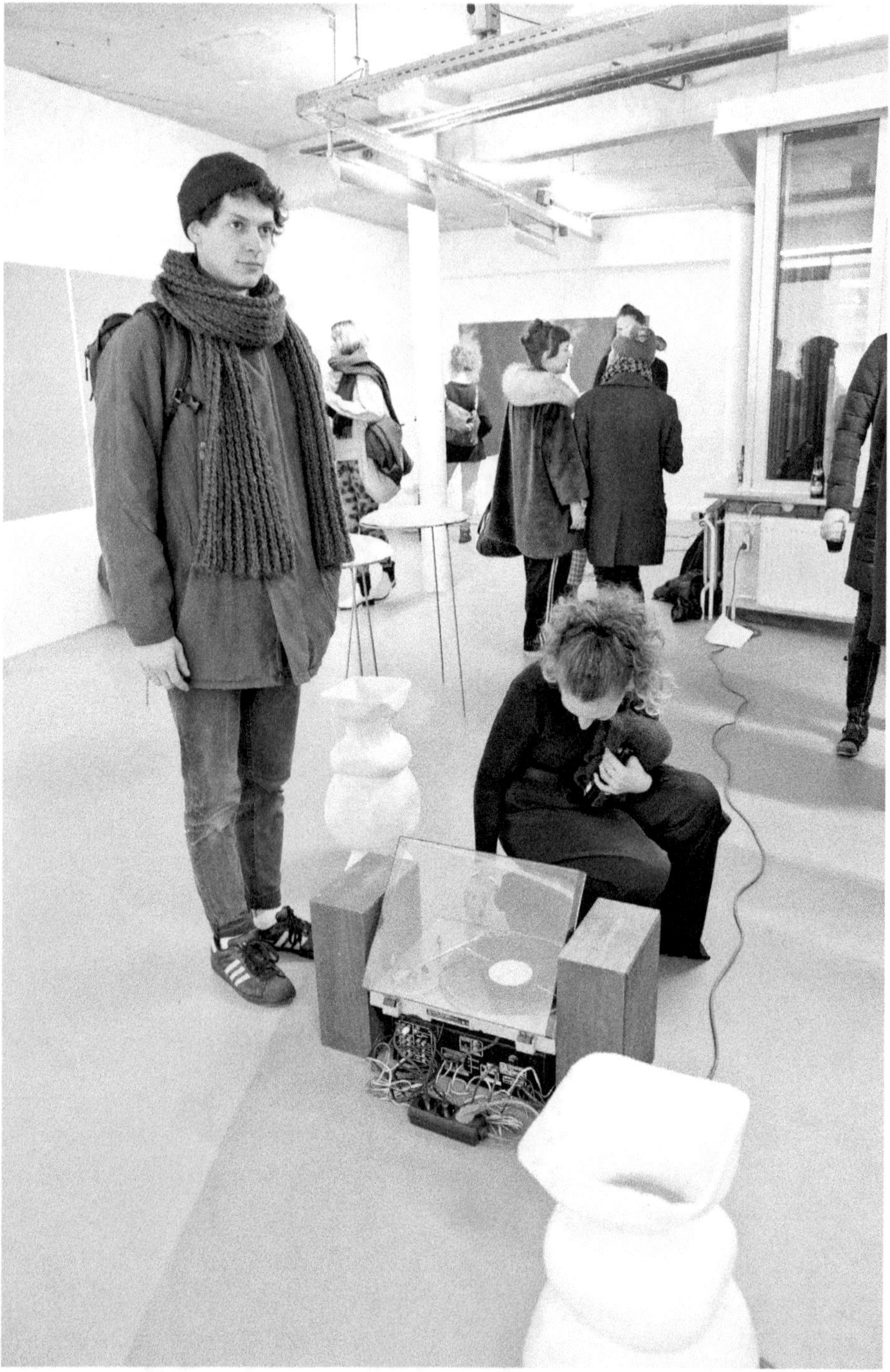

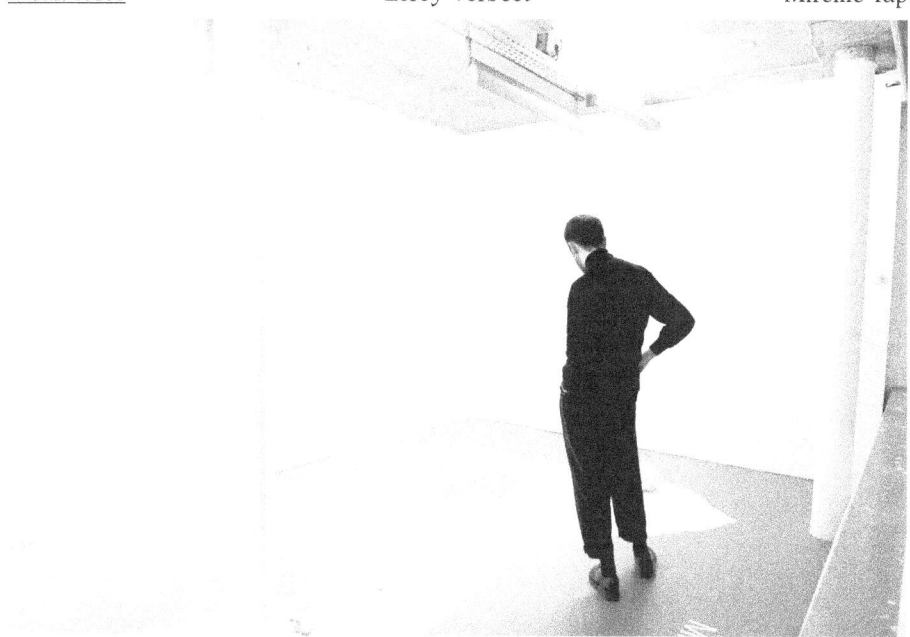

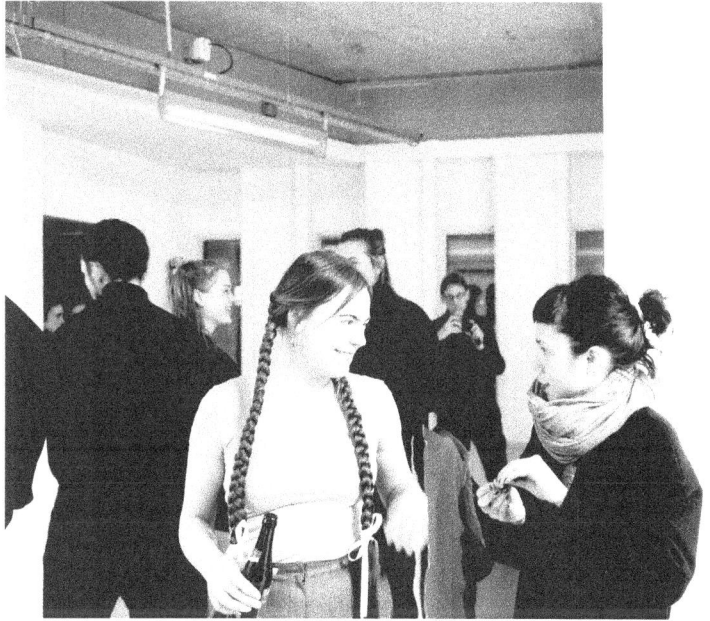

<u>opening</u>

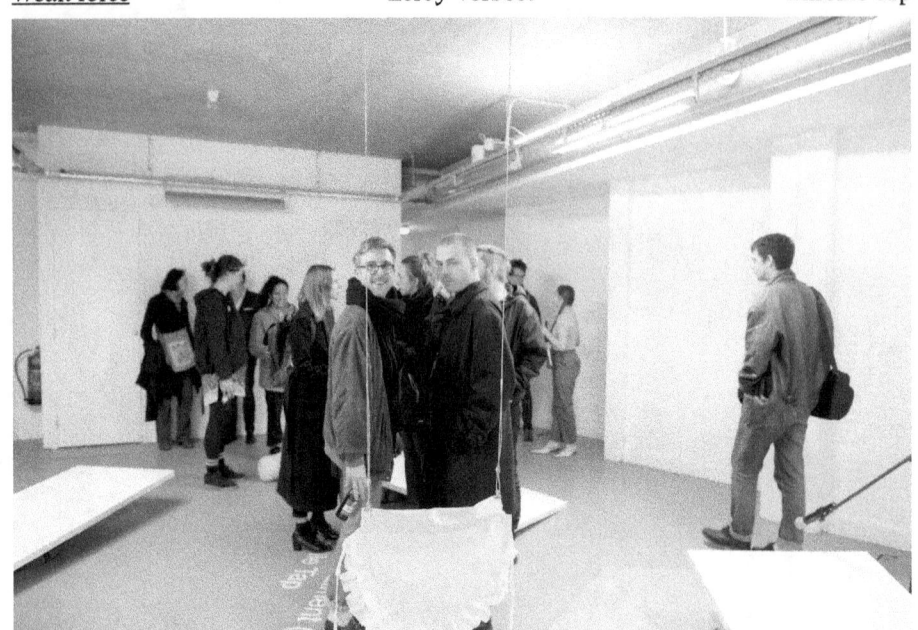

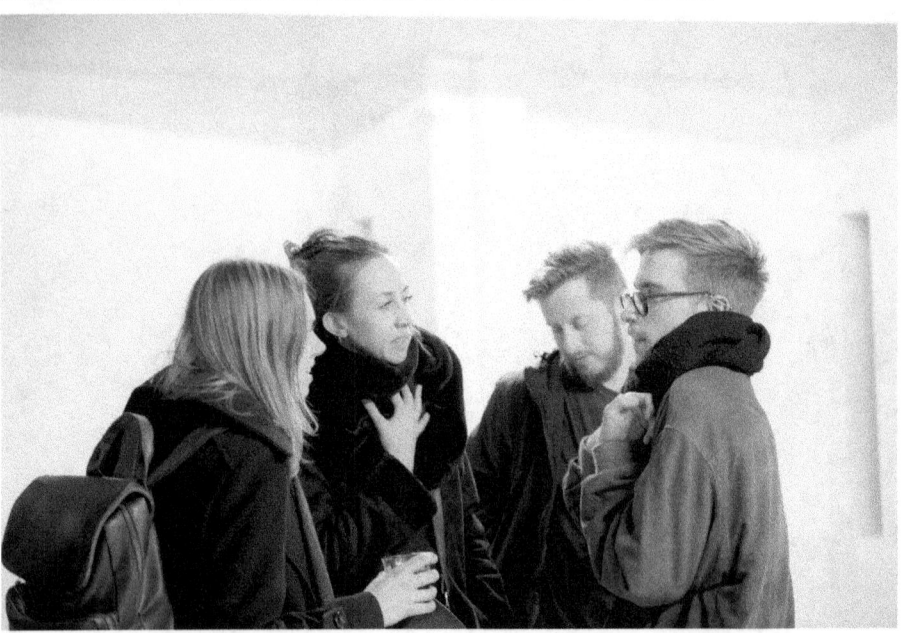

<u>opening</u>

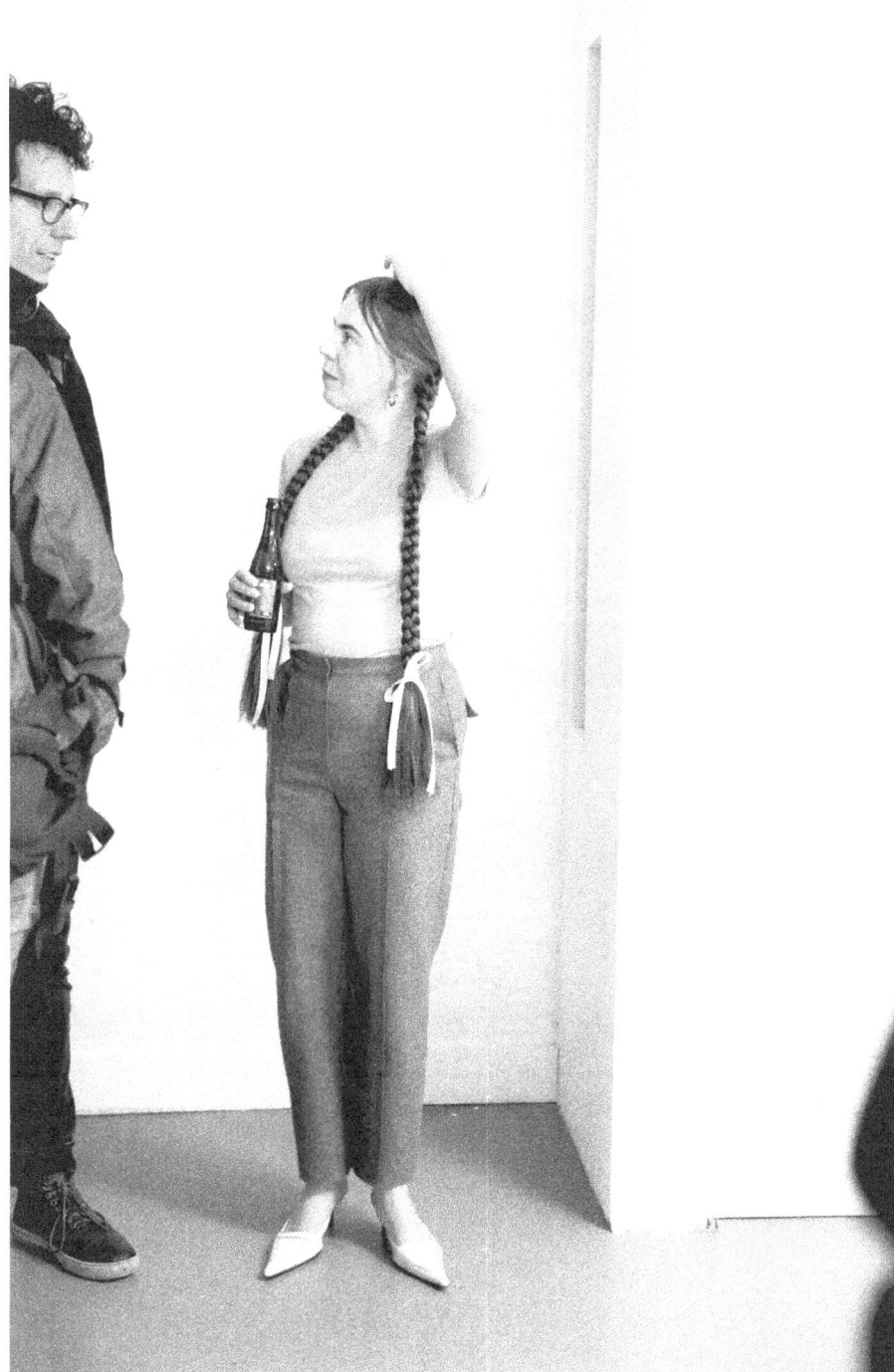

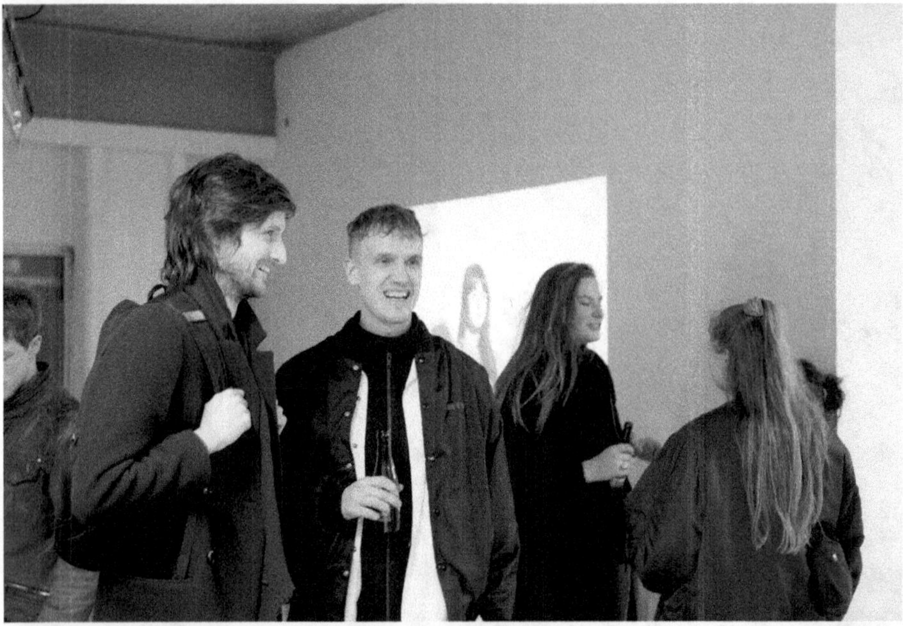

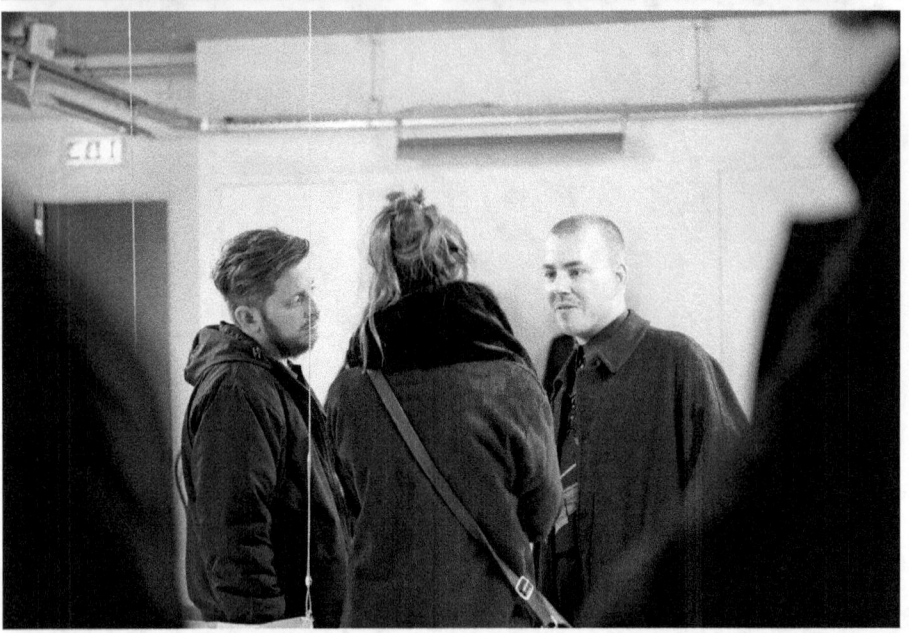

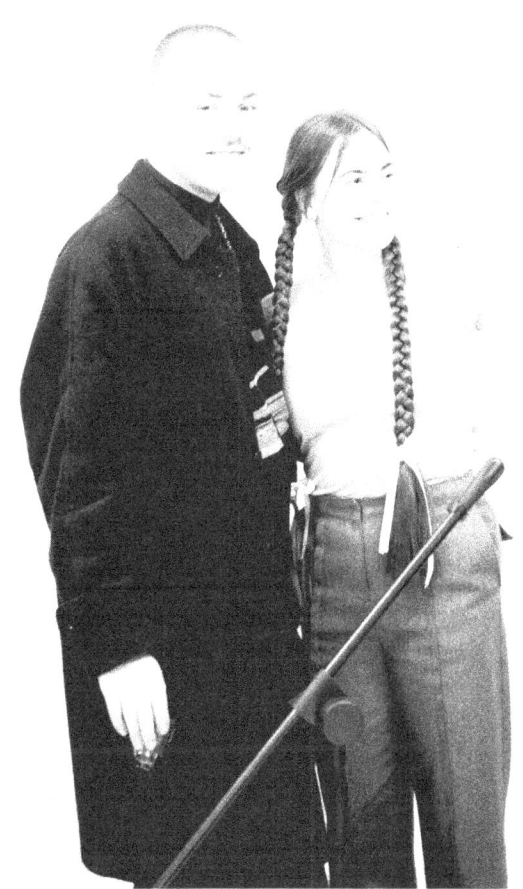

opening

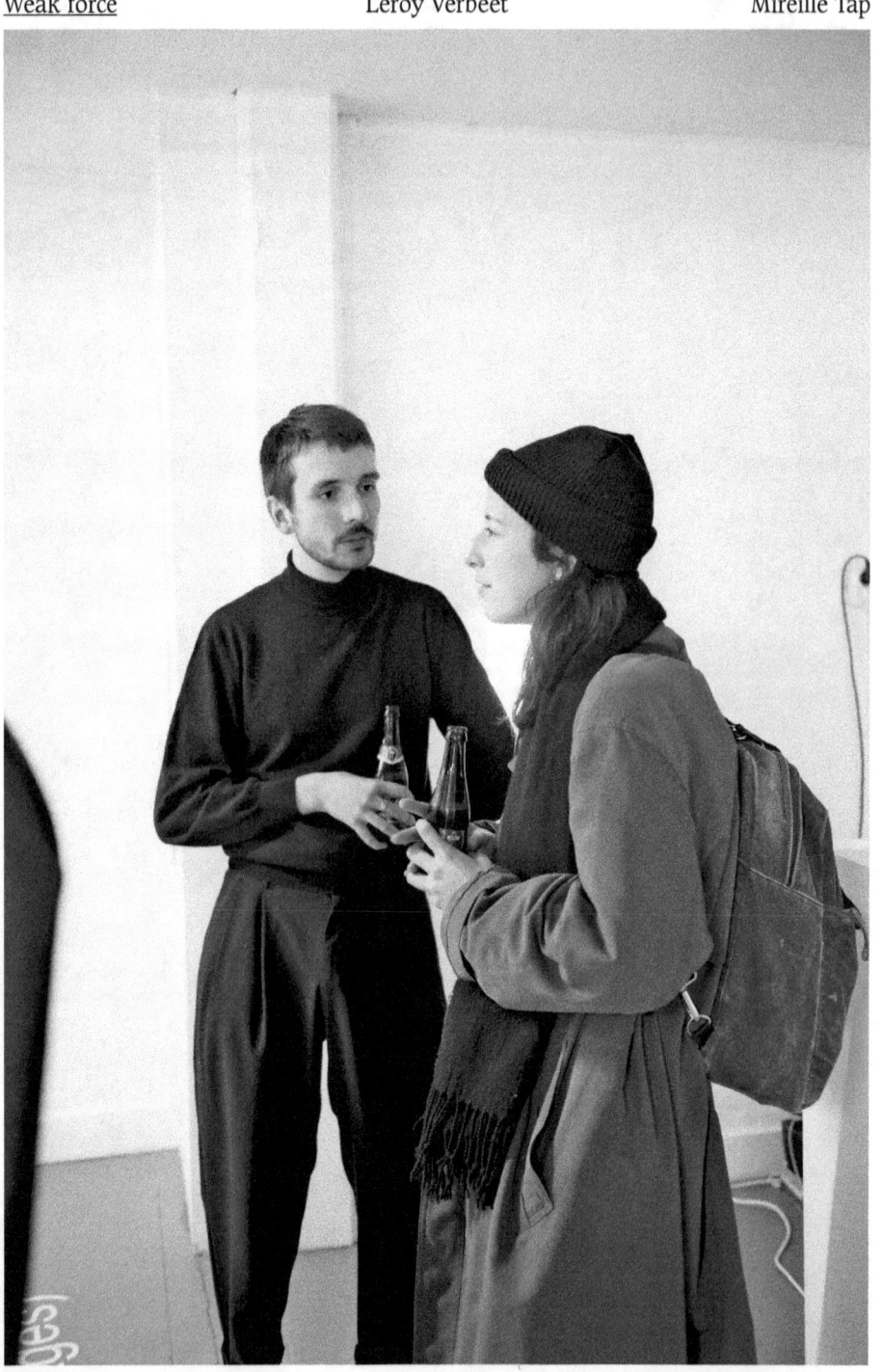

<u>Weak force</u>                    Leroy Verbeet                    Mireille Tap

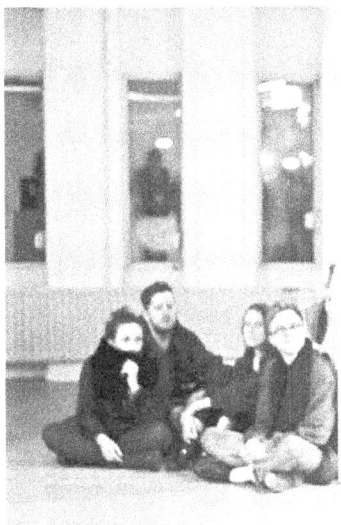 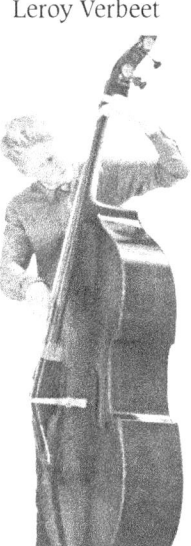

<u>Muzikant Jort Terwijn</u>

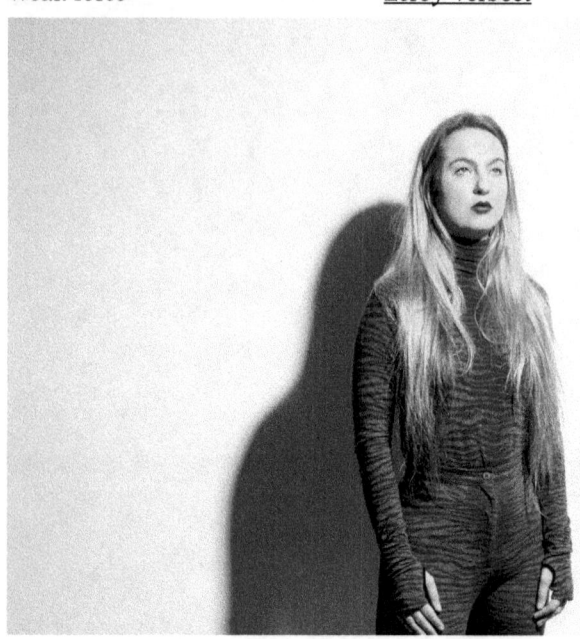

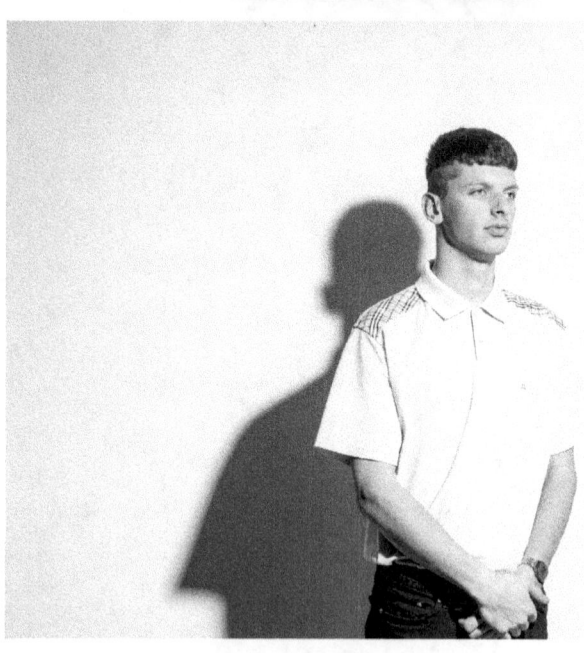

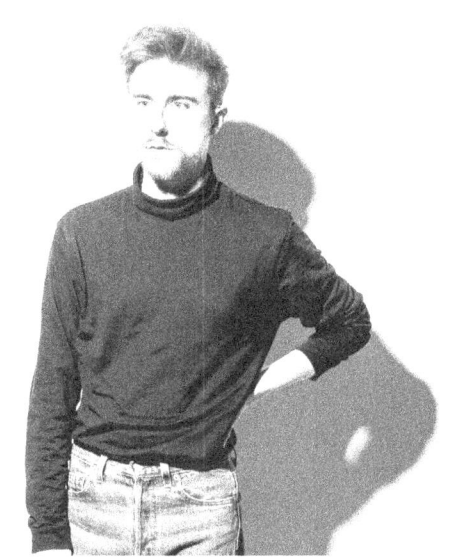

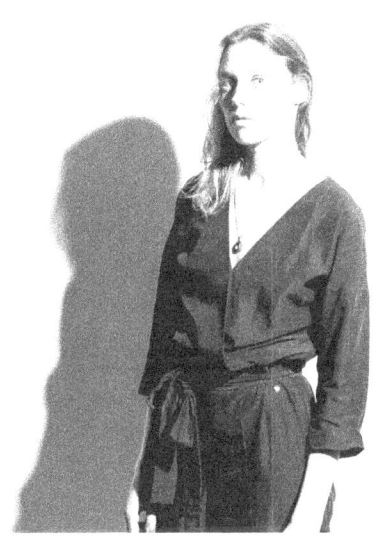

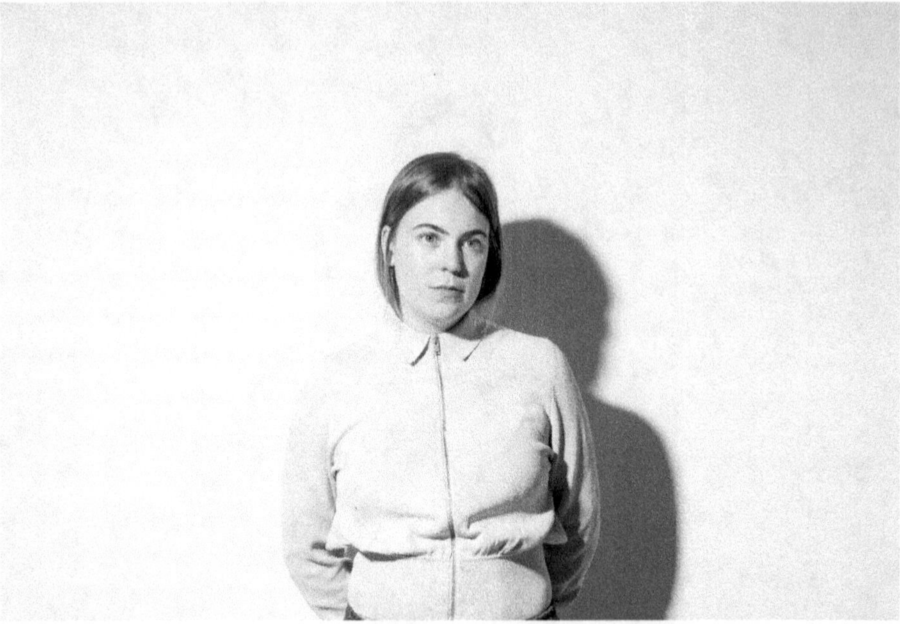

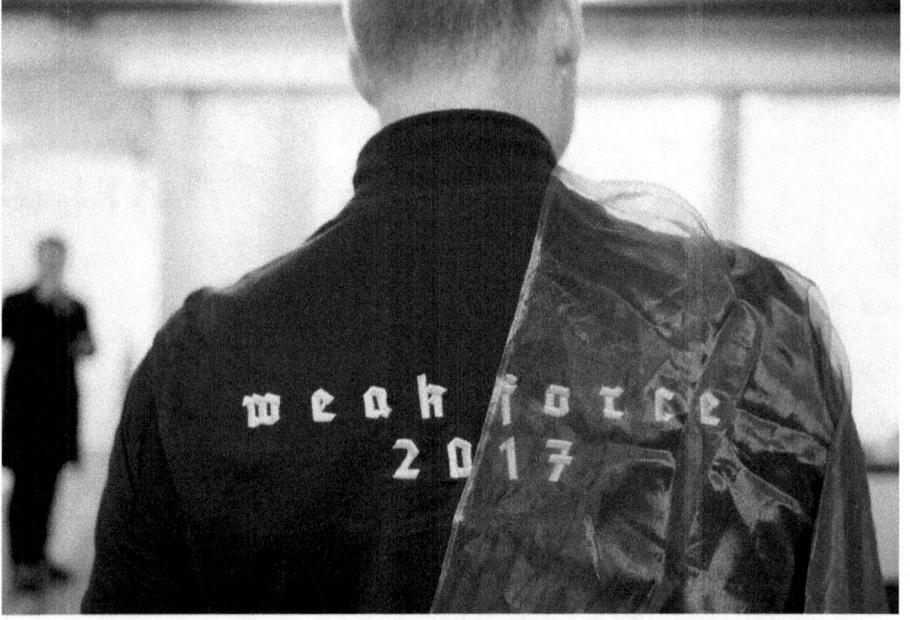

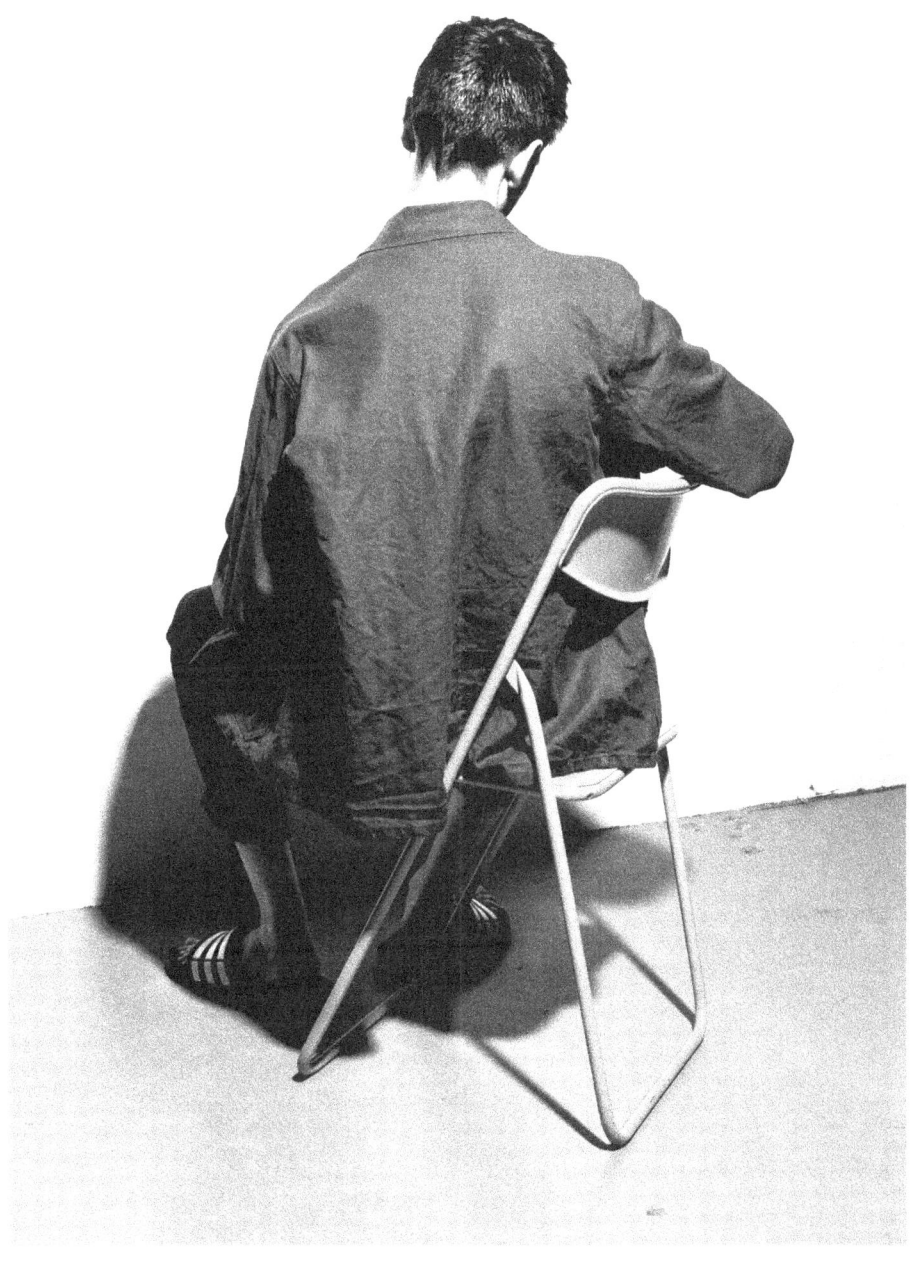

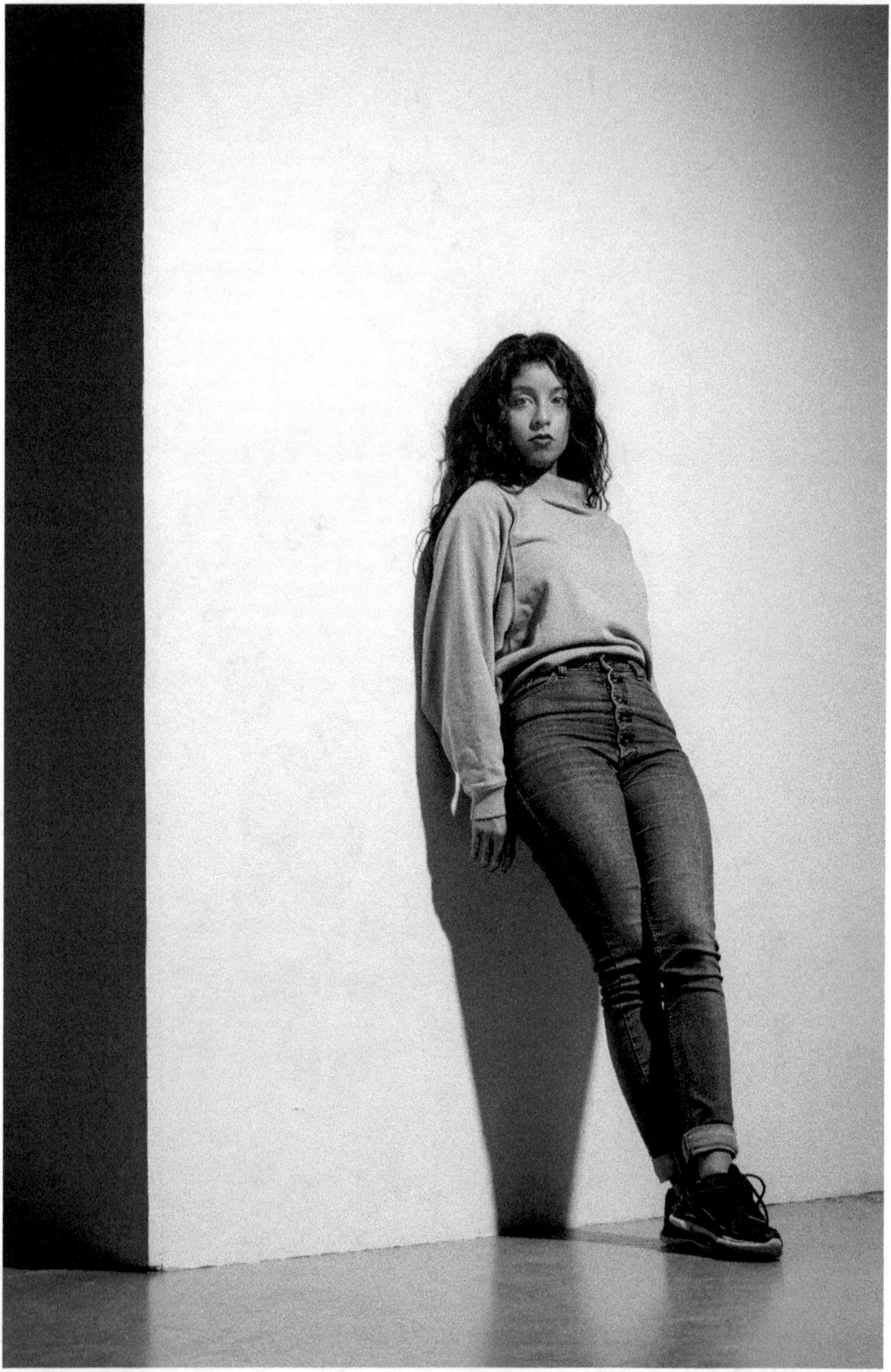

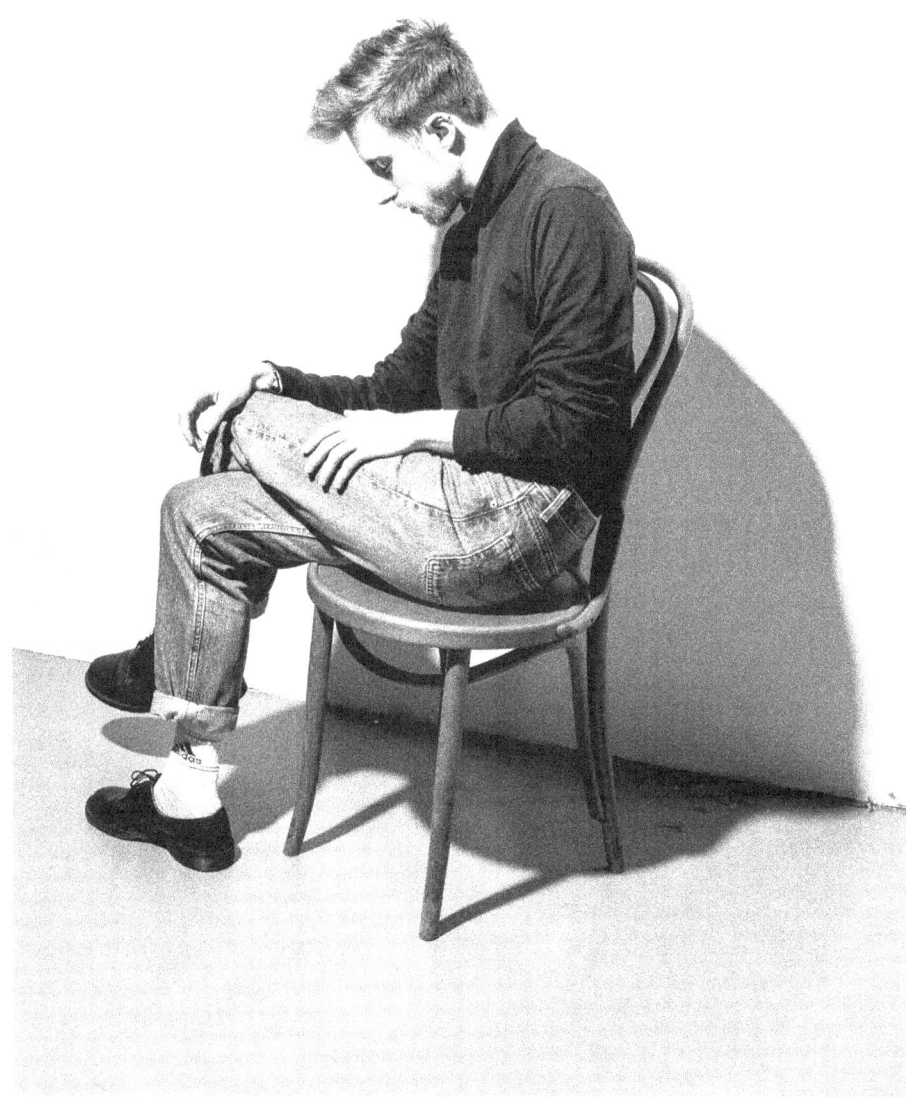

# MIREILLE TAP

Mireille Tap (Arnhem 1990) groeide op in Elst en behaalde in 2015 haar bachelorsdiploma aan de afdeling Fine Art (nu BEAR, Base for Experiment Art & Research) van ArtEZ.

**Waar heb je je aandacht tijdens je opleiding aan ArtEZ op gericht?**

Ik ben me na de twee basis-jaren al snel bezig gaan houden met performance. Mijn docenten waren onder andere Vincent Vulsma, Anik Fournier, Andrée van de Kerckhove en Yael Davids. Mijn eerste performan-ces tapete ik op video. Je kunt jezelf bekijken, dingen nog eens over doen. Ik maakte een soort podcasts. Voor de camera vertelde ik over een onderzoek naar de eerste woorden die baby's in dat jaar hadden uitgesproken. Ik verzon dat dit woorden waren als 'vaporwave' en 'telefoonstraat'. In een ander filmpje deed ik zes minuten lang het geluid van een huilende baby na: 'U-èh'. Vervol-gens gaf ik daar commentaar op. Wat me interesseerde en nog steeds interes-seert, is het begin van taal, zoals dat bij baby's op een gegeven moment moet gebeuren. Eerst huilen ze alleen en dan beginnen ze ergens vanuit een nulpunt met het zeggen van woordjes of iets wat daarop lijkt. Ik hield me in die tijd trou-wens ook bezig met emoji, ideogram-men die je iemand via digitale tekstbe-richten kunt sturen. Ik heb me een tijd lang beziggehouden met de vraag of je emoji zou kunnen gebruiken om een universele taal te construeren, een taal die tussen mensen barrières en sociale ongelijkheid zou kunnen slechten.

**Waar ben je mee afgestudeerd?**

Ik heb het videotapen van mijn performances voor nu laten vallen. De zeggingskracht van performance zit voor mij in de directheid. Het werkt het beste als er niets tussen zit: geen video, geen acteren of een ander kunstmedi-um. Ik hou bovendien van de vluch-tigheid. Je voert het uit en dan is het weg. Alleen de props die ik voor mijn performances maak en gebruik blijven als fysieke vorm over. Mijn eindexa-menwerk bestond uit een opstelling van drie toestellen. Het eerste was een gebo-gen matras met een gat voor mijn hoofd zodat ik in de microfoon kon spreken. Het tweede toestel was een balansbal waarop ik kon liggen met een stang voor mijn voeten en twee schoentjes voor mijn handen. Het derde toestel was een tussen vloer en plafond gespannen trampoline. Tijdens de performance activeerde ik de toestellen. Ik gebruikte ze, telkens gekleed in een ander outfitje, en ik sprak een tekst uit. De basis voor de performance was scripted reality, iets wat ze ook bij televisie gebruiken. Daar-bij ligt het basisidee van te voren vast, maar bij de uitvoering laat je ruimte voor toeval, improvisatie en onverwach-te vondsten. Het geheel heette ' let me share with you', met als ondertitels 'can i share with you?', 'can i help you?' en 'can you move a bit please?' .

Het onderwerp was taal. Mensen zijn sociale wezens. Ze communiceren, maar wat in ze leeft, moeten ze door middel van taal overbrengen aan anderen. Je gevoelens en gedachten omzetten in taal brengt vervormingen met zich mee. Je kunt nooit helemaal en precies onder woorden brengen wat je wilt zeggen. In de performance breng ik dat ter sprake en bezweer ik de angst van het niet echt kunnen versmelten met een ander, het niet echt kunnen helpen van een ander en het onvermijdelijke verkeerd of niet begrepen worden. Dat alles heeft natuurlijk veel te maken met menselijke verlangen naar intimiteit en het feit dat intimiteit niet altijd mogelijk is.

### Wat heb je na je afstuderen gedaan?

Ik heb geëxposeerd in Showroom MAMA en ben aan een kappersopleiding begonnen. Haarknippen fascineerde me. Haar speelt in vrijwel iedere cultuur en in veel individuele levens een rol. Dat wilde ik onderzoeken en ik wilde goed kunnen knippen. Ik geloof in leren door ervaring. In mijn eindexamenjaar begon ik mensen te knippen. Ik hing posters op: 'can I cut/shave/sculpt your hair pls?' Nadat ik dat een tijd had gedaan, vond ik dat het tijd werd voor een opleiding. Die heb ik hier in Arnhem gedaan. Daarna werkte ik een tijd in een kapperszaak. Naarmate je meer leert over het knippen van haar worden je eisen hoger. Je ziet meer fouten. Als je niet oppast slokt

het je op. Ik was er trouwens behoorlijk goed in, maar omdat ik verder wilde met de kunst ben ik me daar weer op gaan richten. Met Anke van den Brink ben ik tentoonstellingen gaan organiseren in het kader van Code Rood, een maandelijks event op het voormalige militaire terrein aan de Koningsweg. We hebben voor onze tentoonstellingen De Keet, een bouwkeet, tot onze beschikking. Met andere deelnemers aan Code Rood ben ik naar Stockholm gegaan om er een performance te doen. Ik heb een performance gedaan in de kelder van Tape, een café hier in Arnhem, en ik vorm met Arash Fakhim en Ghislaine Schlechta het kunstenaarscollectief Beverly. Met Bervely exposeer ik in oktober van dit jaar hier in Arnhem. Acht juni is de opening van mijn eerste solo-expositie in Moira, Utrecht. Later in juni ga ik ook iets doen voor de expositie Duckkunst in Circa..dit met Christina Albrecht, die in 2016 afstudeerde aan de Arnhemse Mode-opleiding.

### Wat heb je in Circa...laten zien?

Ik heb in Circa... dit twee performances gedaan: Buddytreatment en What the shells tell us. De eerste heb ik bedacht toen de afdeling Fine Art met een event en een feest officieel werd omgedoopt tot BEAR: Base voor Experiment, Art & Research. Een deel van het idee komt voort uit mijn ervaringen toen ik werkte in een kapperszaak. Er komen klanten en dan word je als beginneling geroepen om hun haar te wassen. Je geeft de klant, die je niet kent, een hand en het volgende moment was je zijn of haar haar. Je maakt iemands haar nat, brengt shampoo op, masseert de hoofdhuid met je vingers en spoelt de shampoo weer uit. Dat is nogal intiem en als je er over nadenkt, een beetje vreemd of zeg maar ongebruikelijk.

Bij Buddytreatment masseer ik op mijn knieën iemands hoofd. Die persoon ligt op een plank die weer op een rij stenen rust waardoor een wipwap ontstaat. De situatie is ongelijk. De een vertroetelt de ander. De plank waarop ik een ander masseer, staat in een cirkel met nog vier planken. Ik nodig de aanwezigen uit om op een van de planken te gaan liggen of - net als ik - op hun knieën achter de persoon op de plank plaats te nemen. De personen in de laatste positie masseren vervolgens op mijn aanwijzingen het hoofd in hun schoot. Ik heb een microfoon en gebruik woorden als ' tap', 'rub' en 'push' in een soort mantra om het tempo aan te geven.

What the shells tell us is een performance die ik bedacht voor de tentoonstelling van Data Bosma in de kelder van Tape. Het thema van de tentoonstelling was Think Pink. Het ging om de kleur roze en de vele zaken die met die kleur verbonden zijn. Voor de Tweede Wereldoorlog was roze een jongenskleur, een kleur met kracht. Na de Tweede Wereldoorlog werd het

een meisjeskleur. Uit zoiets blijkt dat je tussen mannelijk en vrouwelijk zo nu en dan verspringingen hebt. De kloof en de interactie tussen mannelijk en vrouwelijk interesseert me. Ik bedacht voor de performance dat een schelp door zijn hardheid het tegenovergestelde is van een vrouw. Dat kun je betwisten, maar ik vind dat ik in mijn performances de dingen mijn eigen betekenis mag geven. I'm a bit bossy. Tijdens What the shells tell us sta ik in een roze schortje met een schelp in mijn hand naast een zen-achtig zandtuintje, een idyllisch eiland. In het midden van de zandtuin is een vrije plek. Ik vraag het publiek of er iemand is die zich identificeert met het vrouwelijke en of die op de vrije plaats op het eiland wil gaan staan om zo op het eiland een balans te scheppen tussen het mannelijke en vrouwelijke. In beide perfomances bied ik de mogelijkheid aan van een gezamenlijke ervaring. In het eerste geval is dat een ervaring van intimiteit en tegelijkertijd van ongelijkheid en onevenwichtigheid. In het tweede geval gaat het om een ervaring van het in balans brengen. En balans is net als intimiteit voor mensen geen vanzelfsprekende zaak.

Heeft het maken van de tentoonstelling je aangezet tot iets nieuws of anders? Wat me intrigeerde was de titel van de tentoonstelling. Die titel, Weak Force, hadden wij, Leroy Verbeet en ik, opgekregen van Anand Mahabier.

Geïntrigeerd door die titel bedachten
Leroy en ik dat we op de laatste dag
van de tentoonstelling een demonstratie
zouden organiseren door de stad, een
demonstratie voor zachte kracht, weak
force. We maakten spandoeken met kre-
ten als 'You Are Welcome' en 'Equality
+ Diversity' en plaatsen een oproep om
mee te doen op sociale media. Helaas
kwam er maar één iemand opdagen. We
zijn met z'n drieën door de stad gelo-
pen. We waren een beetje zenuwachtig,
maar de reacties van het winkelende
publiek op koopzondag waren heel leuk.
Mensen moedigden ons aan en er was
een jongen die ons wilde knuffelen.
Weer een nieuwe en bijzondere ervaring.

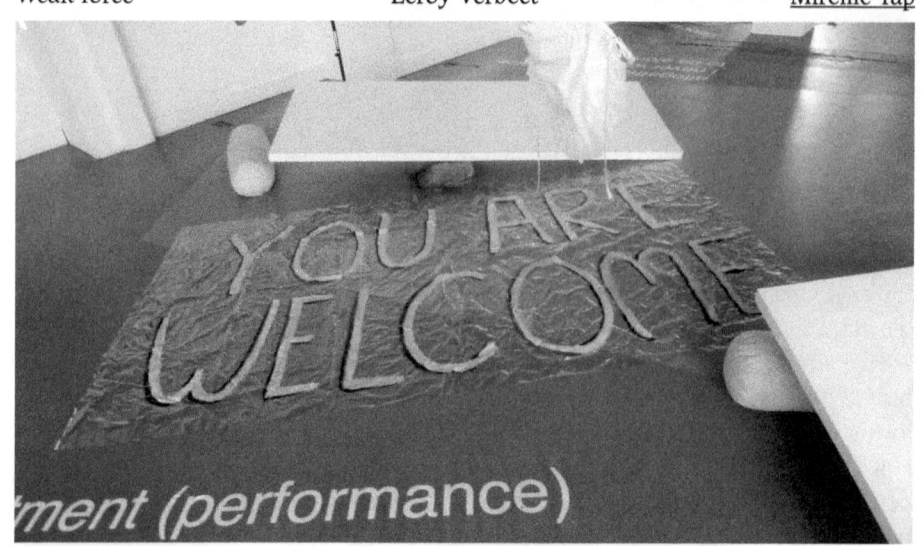

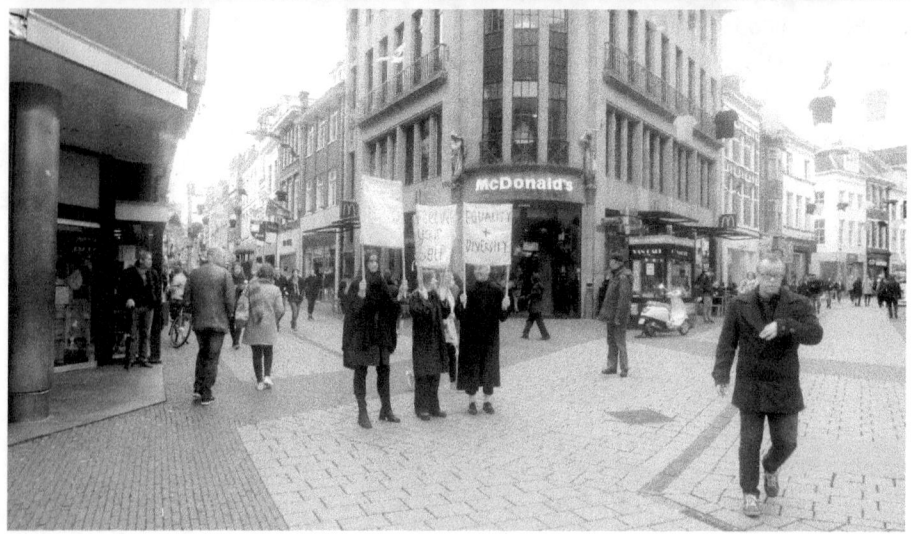

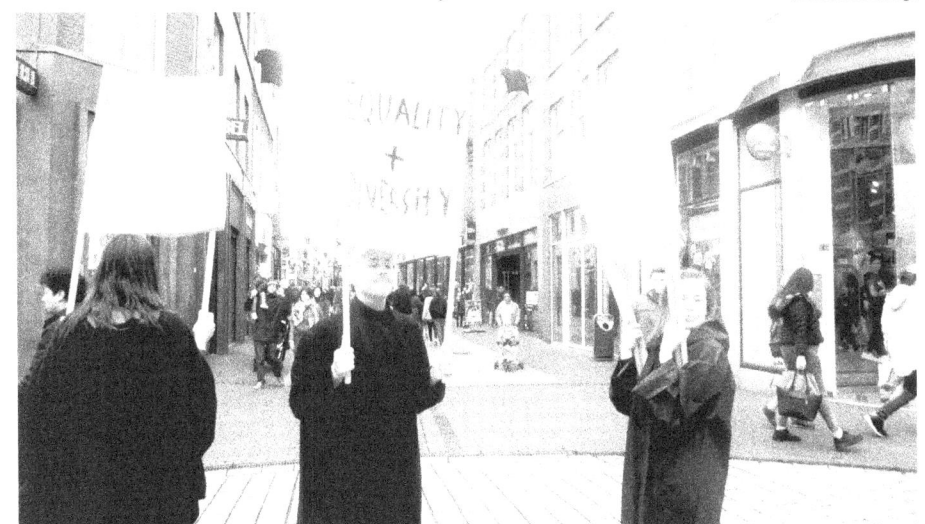

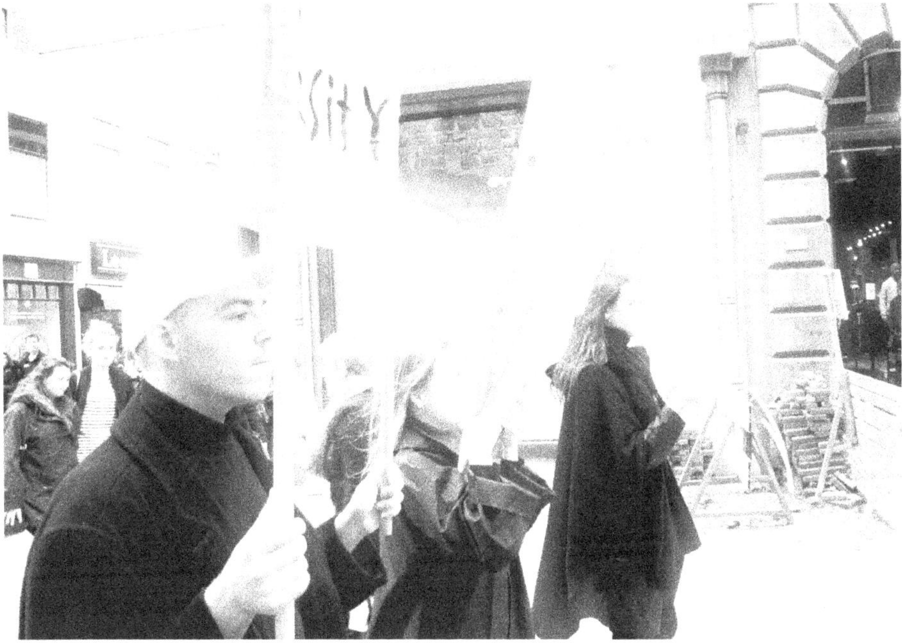

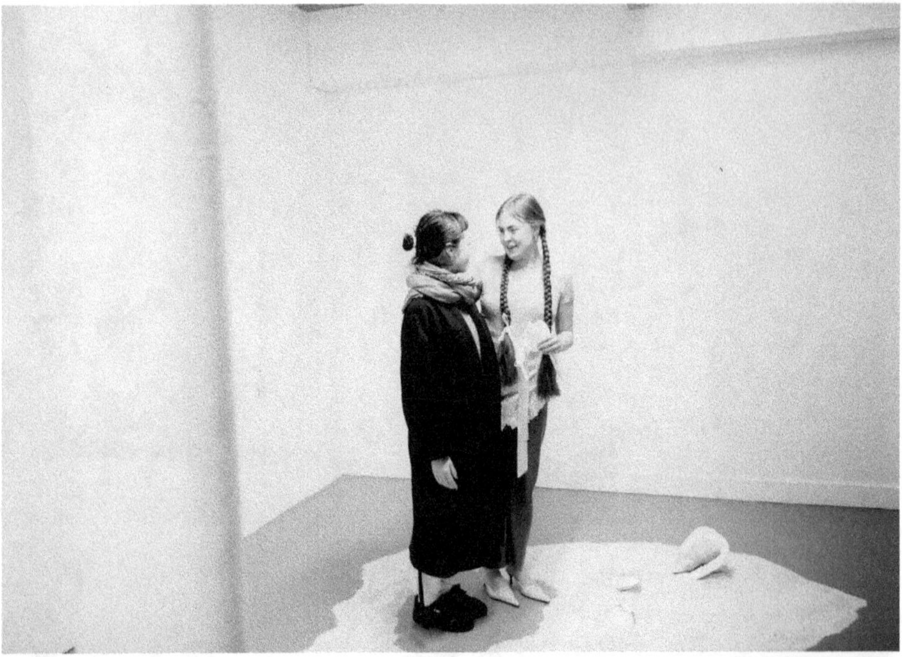

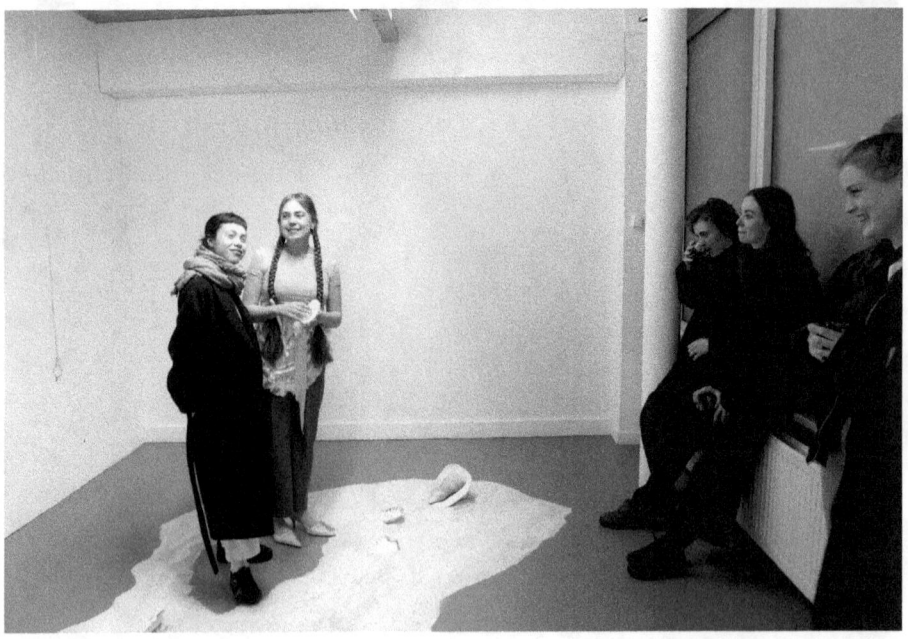

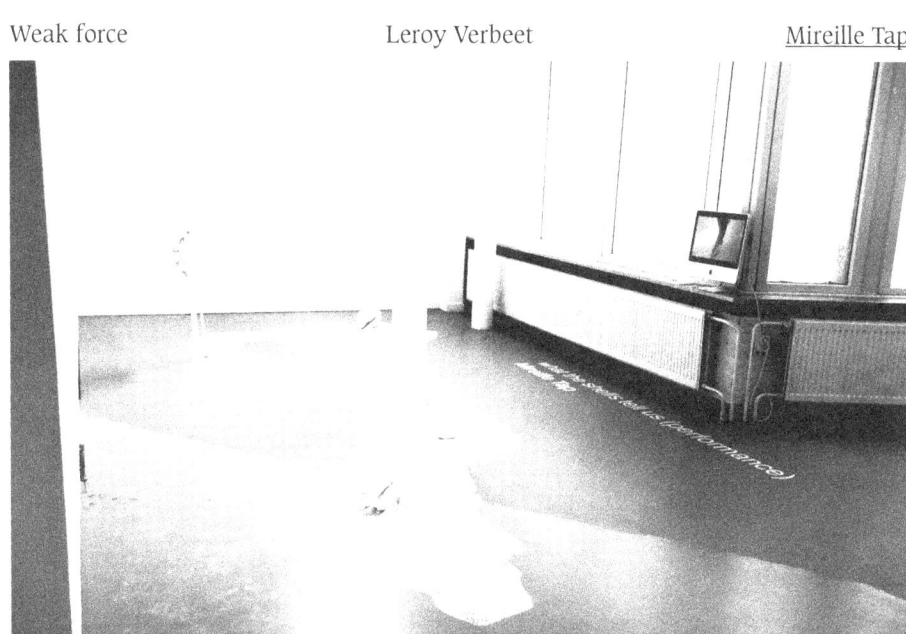

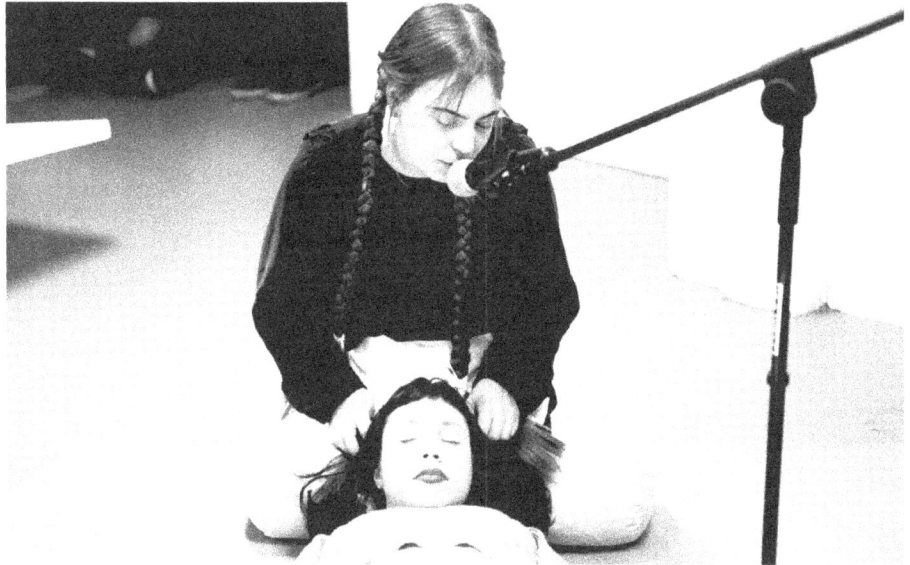

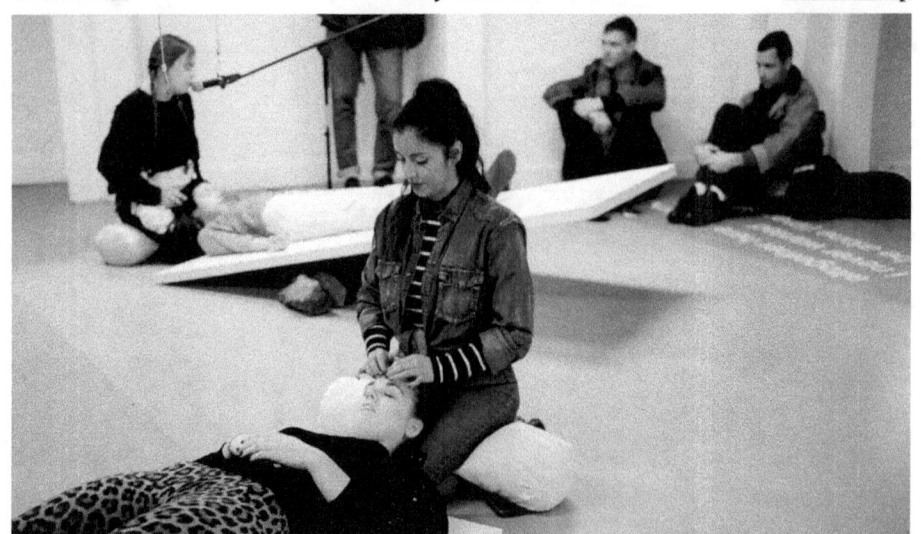

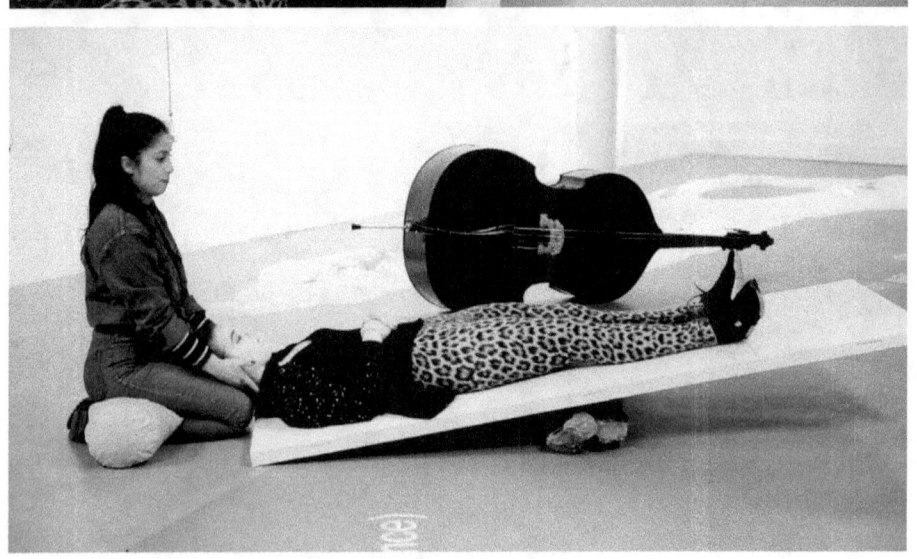

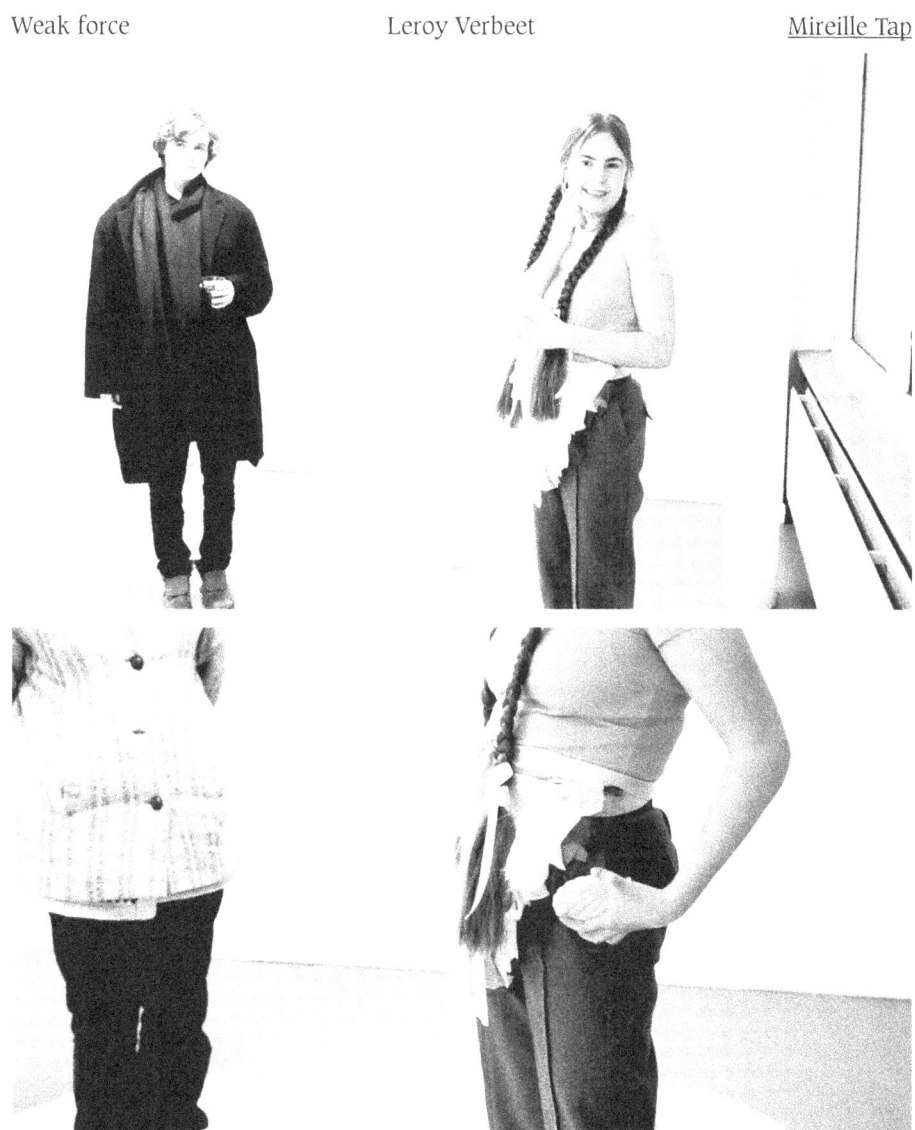

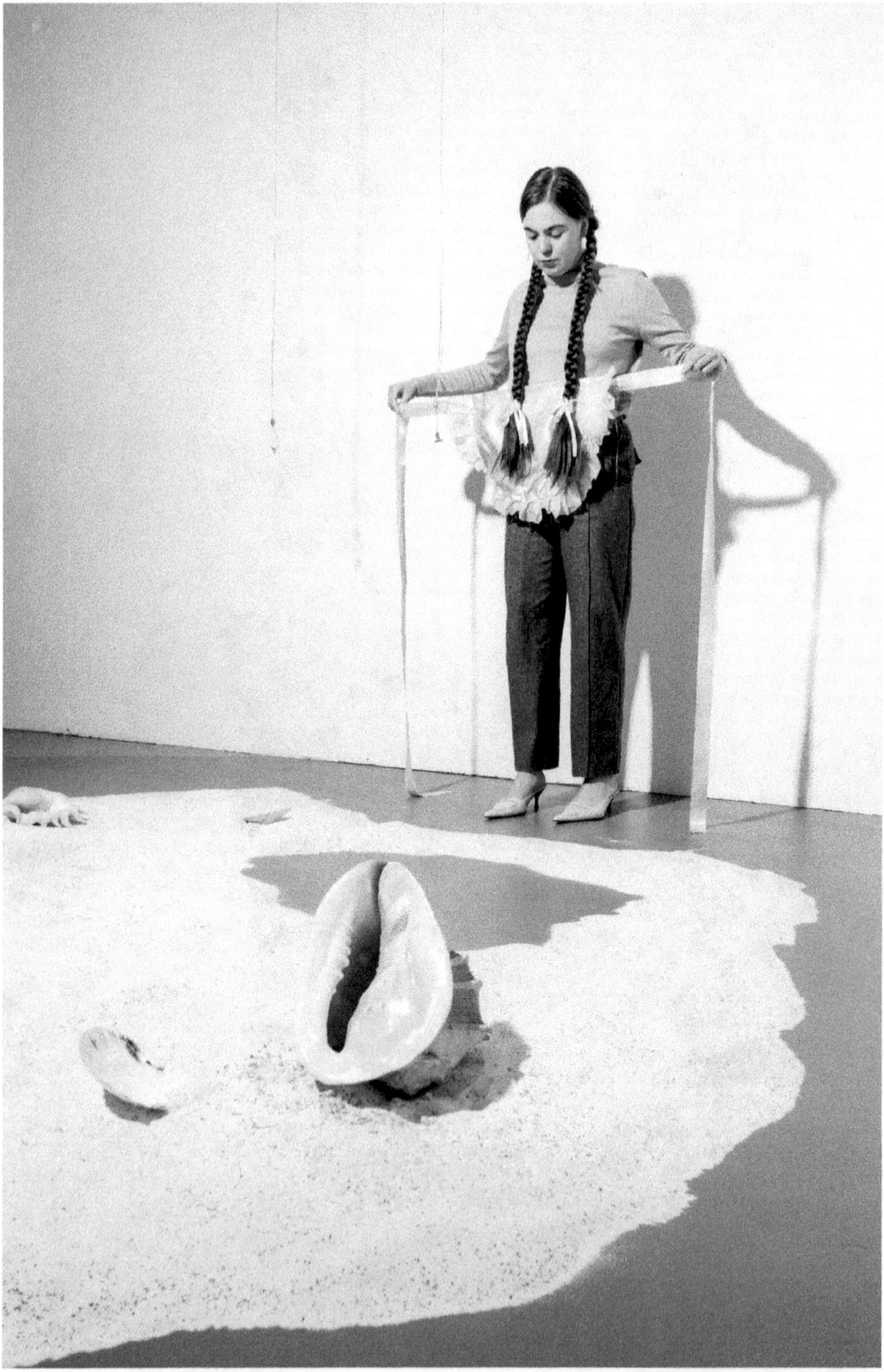

# Micro Art Initiatives #4 circa...dit -

Arnhem
13.03.2017 | Feature — Lotte van Geijn

'Een vrouw is het omgekeerde van een schelp: hard van binnen en zacht van buiten.' Ik sta te praten met performancekunstenaar Mireille Tap, we staan naast haar zen-tuintje zoals ze het liefkozend noemt, what the shells tell us (performance) (2017). Op grond ligt een eiland van wit zand waarin schelpen en steentjes liggen. Eén binnenruimte is leeg gelaten. Aan twee touwtjes uit het plafond hangt een parmantig roze serveerstersschortje.

circa...dit is een expositieruimte in het centrum van Arnhem. Toen de gemeente Gelderland in 2010 besloot verschillende CBK's te sluiten waaronder de vestiging in Arnhem, vonden Ruud Bruinen en Marjolein de Groen het tijd voor een nieuwe plek in de stad. De huidige locatie was van binnen al weggesloopt, maar na een investering om het trappenhuis opnieuw aan te leggen ging circa...dit in 2012 met drie verdiepingen van start. In de loop van de tijd is de bovenste verdieping afgestoten en beneden is nu een plek voor optredens, performances en filmavonden, maar de overgebleven ruimte is voor exposities. Het uitgangspunt is het tonen van kunstenaars dwars door de generaties heen, maar kunstenaar Anand Mahabier, die regelmatig tentoonstellingen bezoekt bij circa...dit, vond dat de generatie

jonge kunstenaars ondergewaardeerd werd. Weak Force is de tweede tentoonstelling in een reeks die Mahabier nu cureert waarbij hij een net afgestudeerde koppelt aan iemand die nog bezig is met zijn studie. Mireille Tap en Leroy Verbeet kregen de werktitel Weak Force van hem mee.

'Hij bedoelde iets met atomen geloof ik, maar we hebben de titel zelf anders geïnterpreteerd.' Tap en Verbeet kende elkaar wel al, maar in een gezamenlijke werkperiode van week leerde ze elkaar pas echt kennen. Ze onderzochten elkaars methode en motivatie intensief. Verbeet is open en eerlijk als hij toegeeft dat zijn zwakke plek is dat hij niet alleen kan zijn. Door middel van portretfotografie heeft hij een reeks gemaakt van de mensen die dichtbij hem staan. altogether here we come i never wanted to be alone (images) (2017) is geïnspireerd op het staatsieportret; ze kijken niet in de camera en het harde licht komt van één kant. In een tweede reeks zijn dezelfde mensen te zien, maar nu in verassende houdingen. Tap komt voorbij, ze is beeldschoon en fotogeniek. Ze kijkt ons aan met een blik vol vrouwenpower.

Tap onderzoekt wat intimiteit is in haar performances. Ze is aangetrokken tot het medium doordat het event altijd nu en tijdelijk is, een moment opname. Er zijn wel registraties van de openingsperformances te zien, maar ze zegt nadruk-kelijk dat dit geen werk is. Ze draagt het roze schortje, haar haar is opeens een meter langer en in twee mooie vlech-ten. Ik zie in de registratie dat Tap de vrouwen die op de opening zijn vraagt om plaats te nemen in de lege binnen-ruimte van het schepeneiland. Even is er contact, maar waar het overgaat blijft tussen hen, als een boodschap uit een schelp die je aan je oor houdt.

In buddytreatment (performance) (2017) hurkt ze neer op een wit rol-kussen, een bezoeker wordt gevraagd te gaan liggen op de ongelijke wipwap voor haar en legt haar hoofd in de schoot van Tap. Het is een kwetsbare houding. Tap masseert haar slapen en tikkelt haar gezicht. Terwijl nog drie an-dere uit het publiek gevormde koppels hetzelfde doen en haar geluidsimprovi-satie volgen. Rub rub rubb rub rubb rub rub, push pushhhh pussssh, wipe. wipe. Als in een mantra neemt Tap hen mee in een afwisseling van lange uithalen tot staccato herhalingen. Ik vind het jammer dat ik de opening heb gemist, want ik had ook graag even mijn hoofd in haar schoot gelegd en mij laten meevoeren in haar extase.

circa...dit gaat zijn vijfde jaar in en als ik met Ruud Bruinen spreek vertelt hij mij over de toekomstplannen. Van september tot december zal er een reeks groepstentoonstellingen zijn die hopelijk zal leiden tot interesse van iemand of een collectief om circa...dit over te gaan nemen. 'Ik ben namelijk al vijfenzestig! En het wordt tijd de plek over te dragen aan een nieuwe generatie.' Het zou mooi zijn als iemand straks de nieuwe trend van het tonen van jonge makers zou doorzetten op deze centrale locatie in Arnhem.

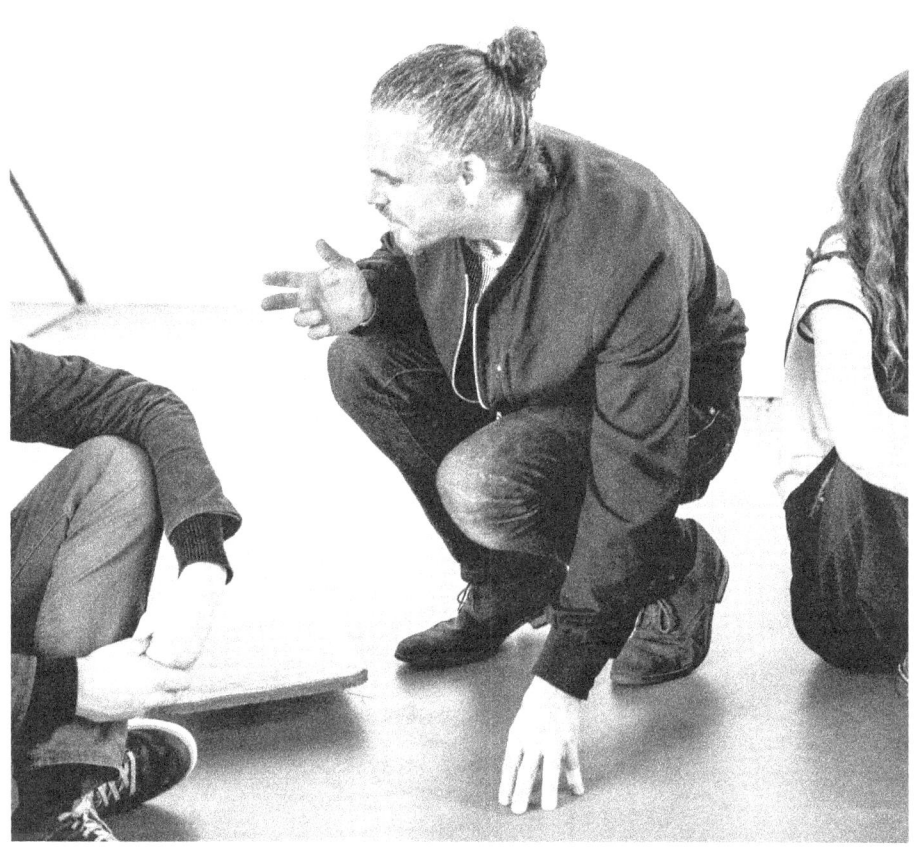

<u>opening</u>

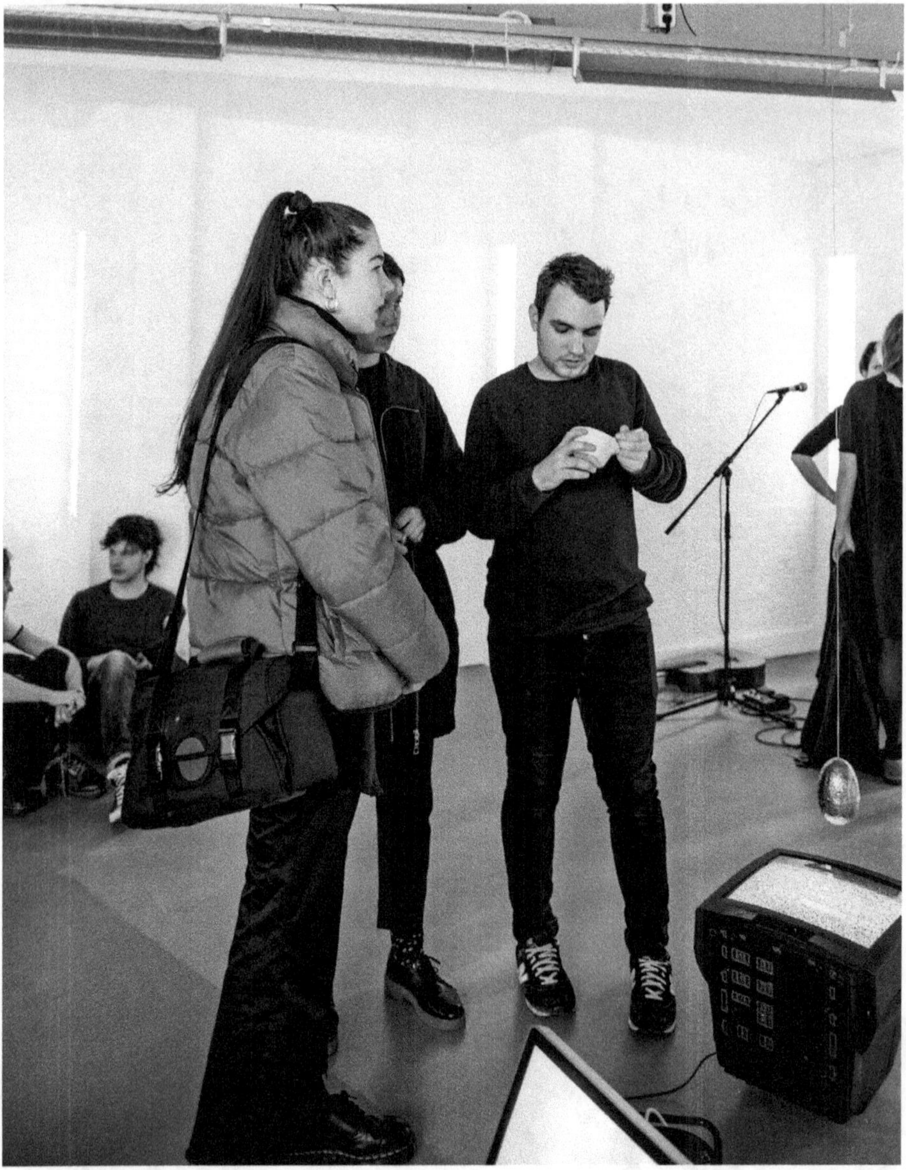

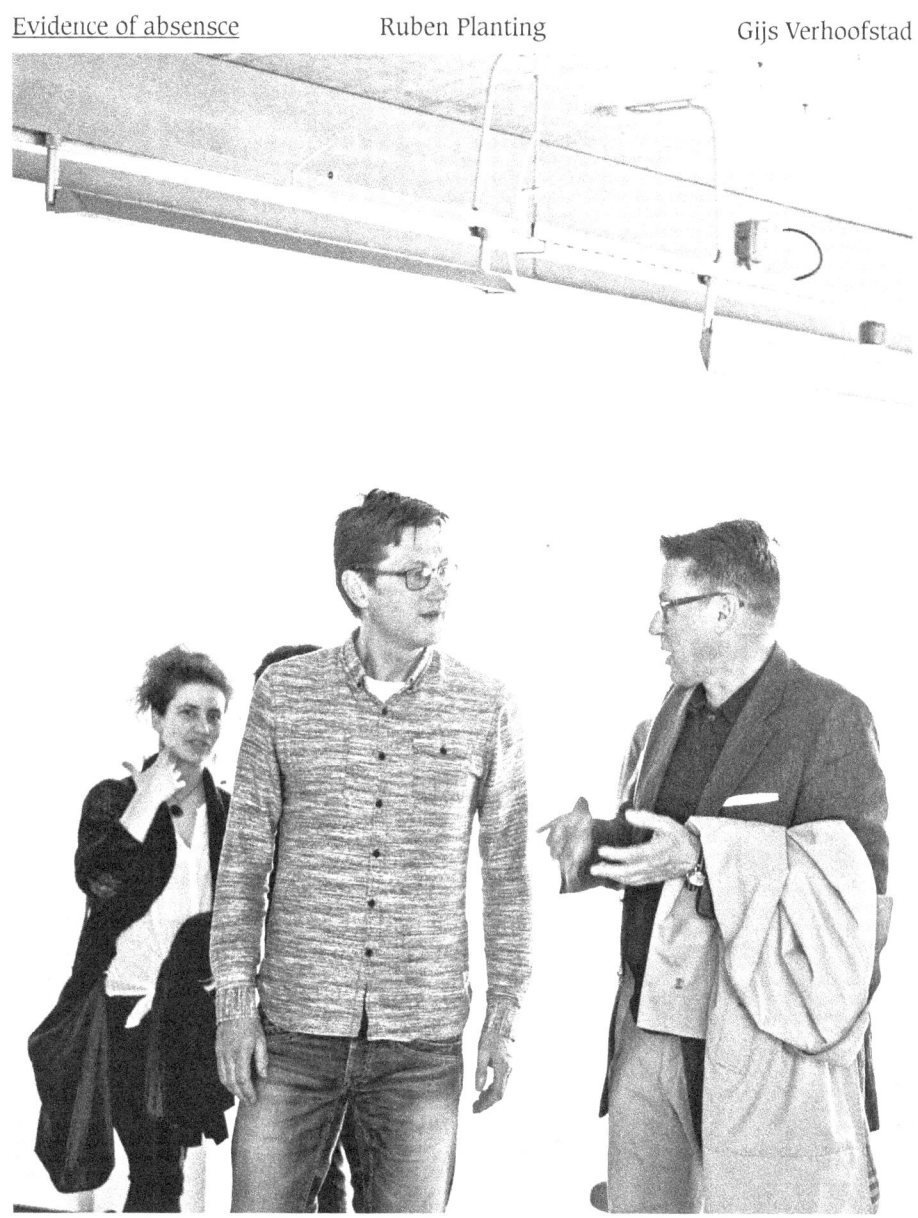

<u>opening</u>

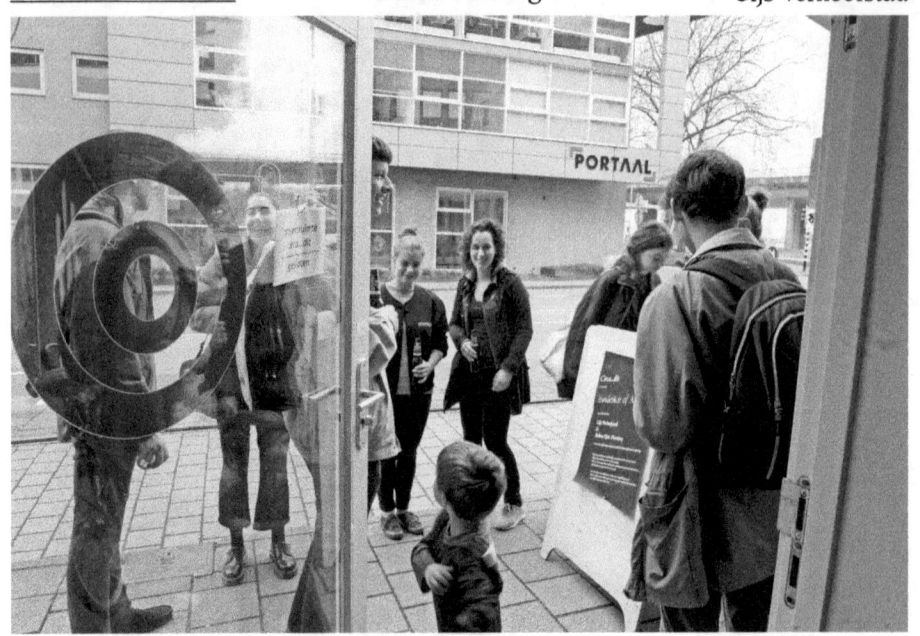

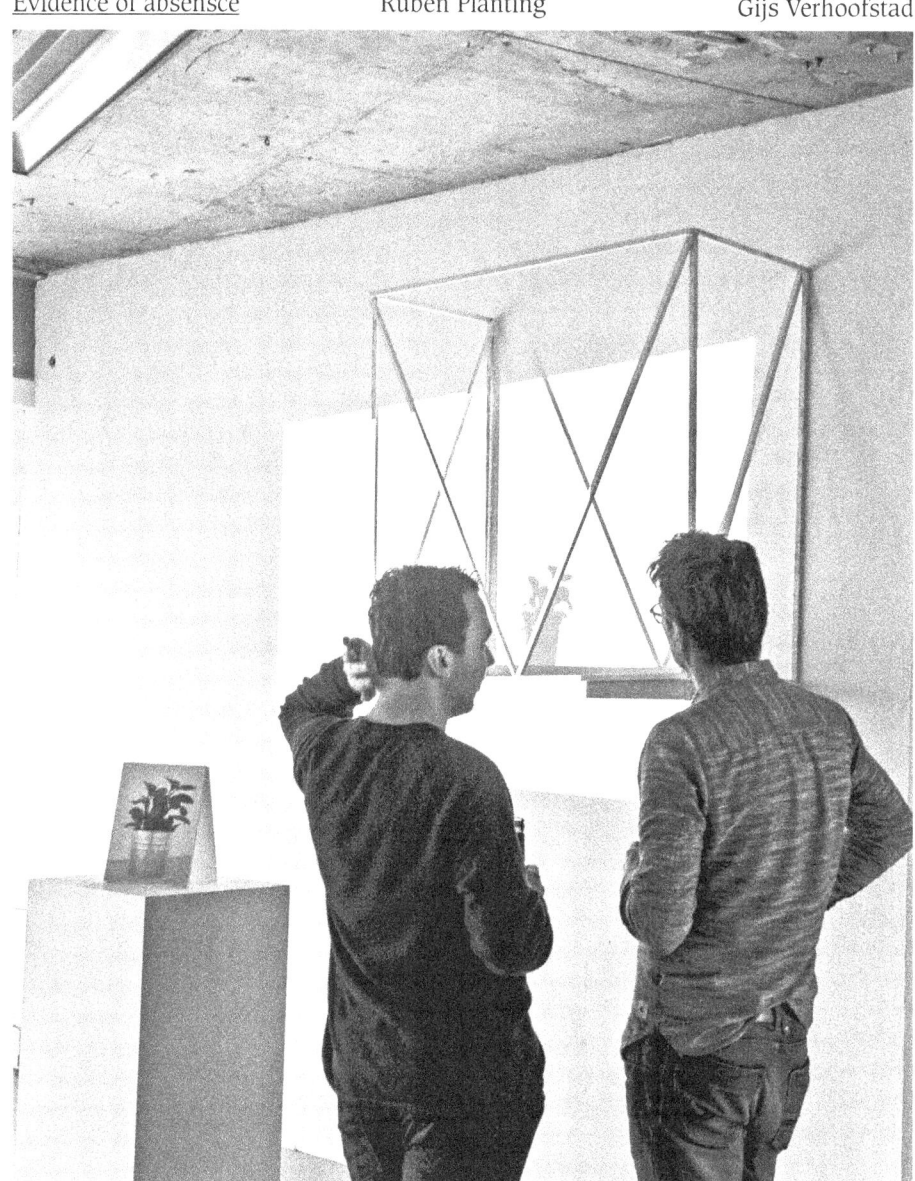

<u>opening</u>

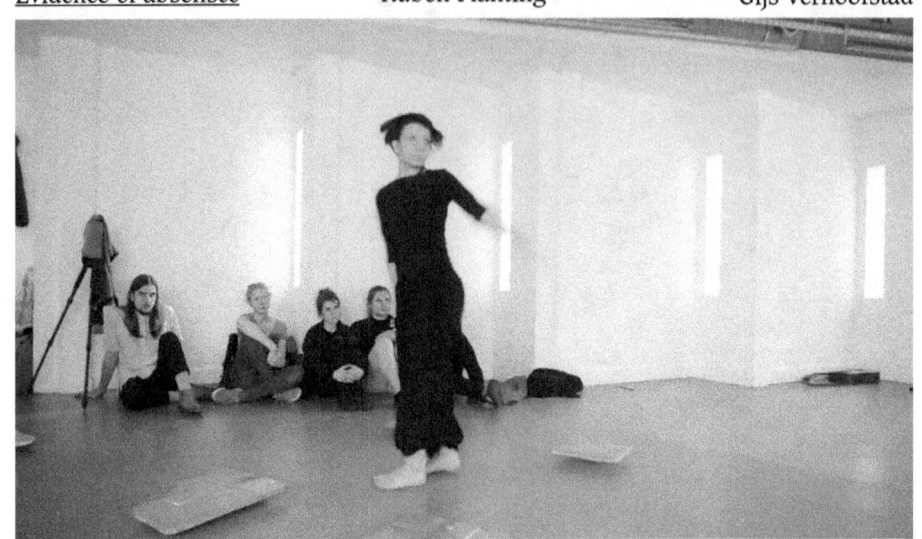

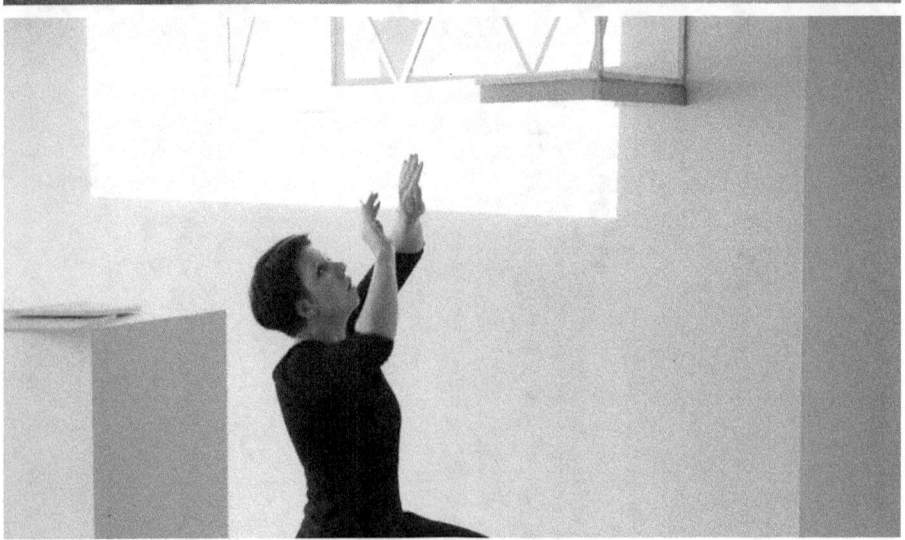

Muzikant Annika Schima

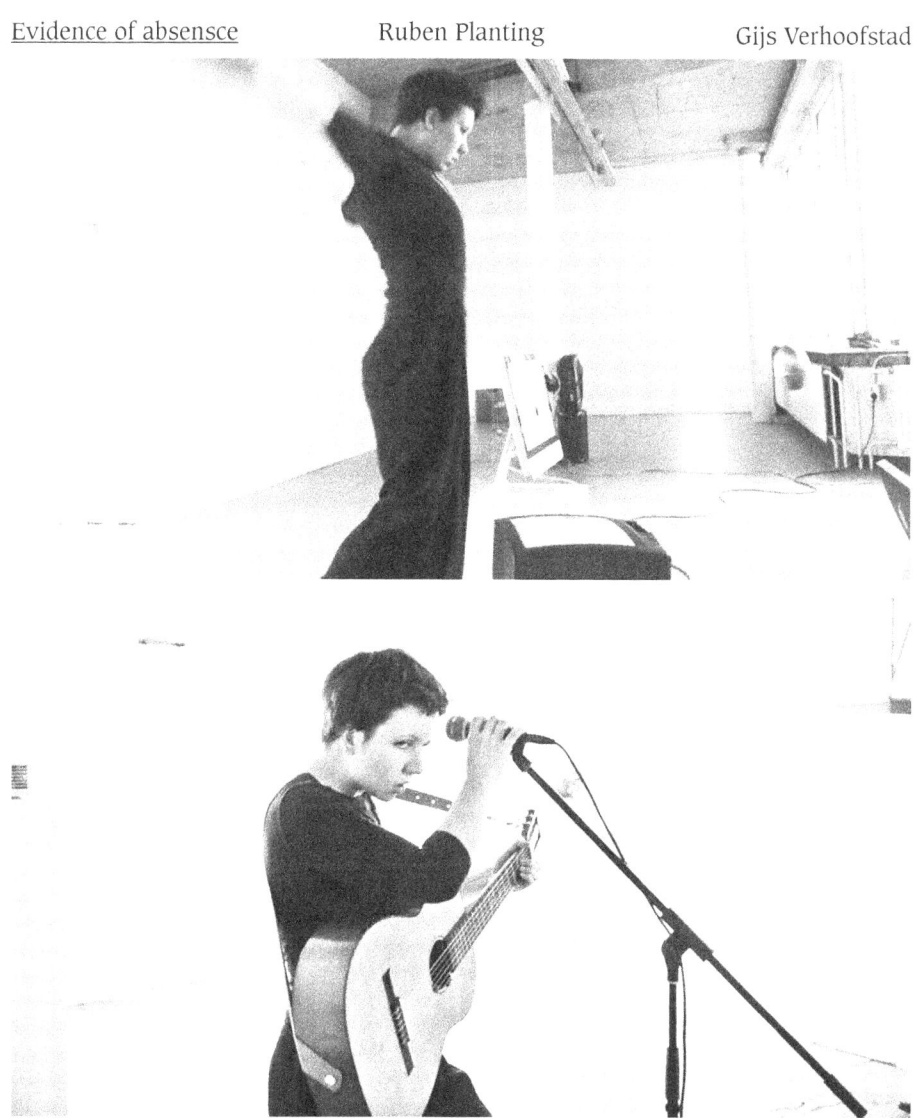

Muzikant Annika Schima

# RUBEN PLANTING

Ruben Planting (Cornjum, Fries Koarnjum) 1994) begon na een mbo-opleiding interieurdesign in Leeuwarden in 2014 aan de bachelorsopleiding van BEAR in Arnhem.

## Waarom koos je voor Arnhem?

Het tutorsystem sprak me aan, dat wil zeggen de intensieve begeleiding door een van de docenten vanaf het tweede jaar. In mijn geval is dat Hester Oerlemans. In het eerste semester van het eerste jaar deed ik braaf alle opdrachten. Ik tekende, schilderde en maakte filmpjes en stillevens van papier. Ik wilde in het eerste semester graag heftige dingen doen. Bijvoorbeeld mijn kamer lichtblauw schilderen, zo'n echte psychiatrische inrichtingskleur, en dan heel dramatisch alleen een matras in het midden leggen. Maar zulke dingen durfde ik dan weer niet echt. Ik was halfslachtig bezig. Het kwam allemaal niet uit de verf en de beoordelingen waren ronduit matig. In het tweede semester heb ik het roer omgegooid. Iedereen kreeg het advies om een lijst te maken van dingen die je wel en niet wilde doen en van dingen die je tegenstonden of die je juist leuk vond. Dat heb ik heel uitgebreid gedaan. Ik ben langzaamaan meer vanuit mezelf en mijn eigen bestaan gaan denken en werken en met wat meer afstand. In het tweede jaar ben ik gaan schrijven. Dat kwam omdat een vriendin meedeed aan een schrijf- en voordrachtavond in een café. Daar heb ik toen ook aan meegedaan. Wat er werd voorgelezen in dat café was vreselijk, maar zo ben ik gaan schrijven. Het helpt me om mijn werk en gedachten helder te krijgen en toe te spitsen want in mijn hoofd is het nogal chaotisch.

## Wat voor werk maakte je tot nog toe?

In het tweede jaar begonnen we met een filmproject, maar film kon je ruim interpreteren. Het mocht ook een verhalende reeks foto's zijn. Ik woonde in Arnhem en zoals iedere student had ik geen geld. Ik kon niet gelijk een baantje vinden. In dat soort omstandigheden ga je letten op mensen die het wel voor elkaar hebben. Zakenmensen die je in pakken kantoren in en uit ziet lopen. Zo'n zakenman, dat was voor mij op dat moment een buitenaards wezen of misschien wel een god. Daar kon je nou eens tegenop kijken. Daarom wilde ik een zakenman vinden die mij wilde knuffelen om me te troosten, een soort suikeroom. Dat wilde ik dan vastleggen op foto. Het was niet eenvoudig om zo iemand te vinden. Ik ben binnengelopen bij chique kantoren op het Velperbuitensingel. Ik probeerde uit te leggen wat ik wilde en wat mijn project inhield, maar ik kwam nergens verder dan de balie. Ik heb het geprobeerd bij kantoren in Presikhaaf. Daar werd ik door iedereen uitgelachen. Uiteindelijk liep ik hier op ArtEZ het hoofd van de facilitaire dienst tegen het lijf. Iemand in een pak. Hij wilde me wèl knuffelen.

Na het filmproject ben ik gaan werken

met tissues en toiletpapier en de zaken die daarmee verbonden zijn. Dat gebeurt in situaties en gaat gepaard met emoties die je kunt beschrijven als uitersten, huilen en klaarkomen bijvoorbeeld, hoewel dat in sommigen gevallen wel samen kan gaan. Je kunt met tissues en toiletpapier, afgezien van alle connotaties, hele mooie beelden maken, gewoon omwille van het esthetische effect, zeg maar. In 2016 heb ik in Maas Kunst in Nijmegen mijn interpetatie van een Man cave laten zien. Een man cave is een ruimte waar de man van vandaag zich terugtrekt om zich te onttrekken aan de stress van het hedendaagse leven. Hij beoefent er zijn hobby's en omringt zich met zaken die zijn voorkeur hebben en de objecten waar hij zijn verlangens op richt, zoals scooters, auto's en pin-upkalenders. Ik heb het idee van de man cave gebruikt om de grenzen van mannelijkheid, stoerheid, stress en verlangen te verkennen en dubbelzinnig op te rekken. Hoe kan een man cave eruit zien voor iemand zoals ik. Ik heb bijvoorbeeld geen scooter. Ik val niet op vrouwen en heb niks met pin-upkalenders. Maar ik verlang er net als ieder ander naar om op een scooter te zitten en de zomerwind door mijn haar te voelen. Voor de tentoonstelling heb ik een fetisjistisch scootersurrogaat gemaakt: een foto van een luxueus zadel steunend op een afwassponsje om de weelde van het zitten op een strak vormgegeven scooterzadel op te roepen.

Ik heb een pin-upkalender gemaakt met foto's van mijn moeder die boven op een tractor ligt te loenzen naar de camera. Ik mis sinds ik in Arnhem ging studeren mijn moeder die nog steeds in Friesland woont. Ik dacht in hoeverre kan een jongen van mijn leeftijd zijn moeder missen? Dat gevoel van gemis werd na een tijd sterker en ik dacht, daar moet ik een slaatje uit slaan. In gedachten zag ik vrachtwagens passeren met daarop de foto van mijn moeder, maar om zoiets te realiseren ontbreekt het me natuurlijk weer aan voldoende middelen. Het idee van die vrachtwagens heb ik maar laten varen. Ik werk nu aan een kledinglijn met afbeeldingen van mijn moeder. Zo verdien ik wellicht nog wat geld en is overal het hoofd van mijn moeder te zien.

**Stel je esthetische eisen aan je werk?**

Een geslaagd werk vind ik het scootersurrogaat dat ik net noemde. Dat is simpel, raak en het concept klopt. Het ding vat samen wat een luxueus scooterzadel is qua ervaring.

**Wat heb je op de tentoonstelling in Circa..dit laten zien?**

De voorbereidingstijd was kort, maar ik heb goed samengewerkt met Gijs Verhoofstad. Na onze eerste bespreking heb ik een aantal werken meegenomen naar Circa...dit, waaronder mijn balkon. Gijs en ik hebben de lichtreflectie op de muren van passerende auto's gefilmd en later de filmbeelden op de wand achter het balkon geprojecteerd. Ik had een kamerplant meegenomen die we op allerlei manieren, in het echt en als beeld, in de tentoonstelling hebben laten figureren. Het thema gemis en substituut kwam ook aan de orde. Ik heb geen auto, maar ik zag bij de Action ooit vloermatten voor een auto waarvan de vorm en de uitvoering me bijzonder aansprak. Toen ik ze kocht vroeg de caissière of mijn automatten nu al versleten waren en hoe dat kon als je pas je rijbewijs en een nieuwe auto had. Die dacht zeker dat ik flink geld had. De automatten waren trouwens in de aanbieding. Later heb ik ze in ceramiek nagemaakt en zo neergelegd alsof het lijkt alsof er een auto staat, een suggestie van een auto. Over de ceramische versie van de mat loopt het spoor van een autoband, alsof er helaas weer een auto over heen is gereden. Gijs Verhoofstad wilde dat werk aanvullen of voorzien van commentaar, maar we hebben er beide na overleg vanaf gezien. Maar goed, we zijn er met zijn tweeën in geslaagd om een tentoonstelling te maken die ging over werkelijkheid, schijn en gelaagdheid.

**Wat heb je ervan geleerd?**

      Ik ben niet iemand die graag samenwerkt. Dat heb ik door het maken van de tentoonstelling nu een beetje geleerd. Je moet bijvoorbeeld je mond open doen als iets je niet bevalt en daar heb ik wel eens moeite mee.

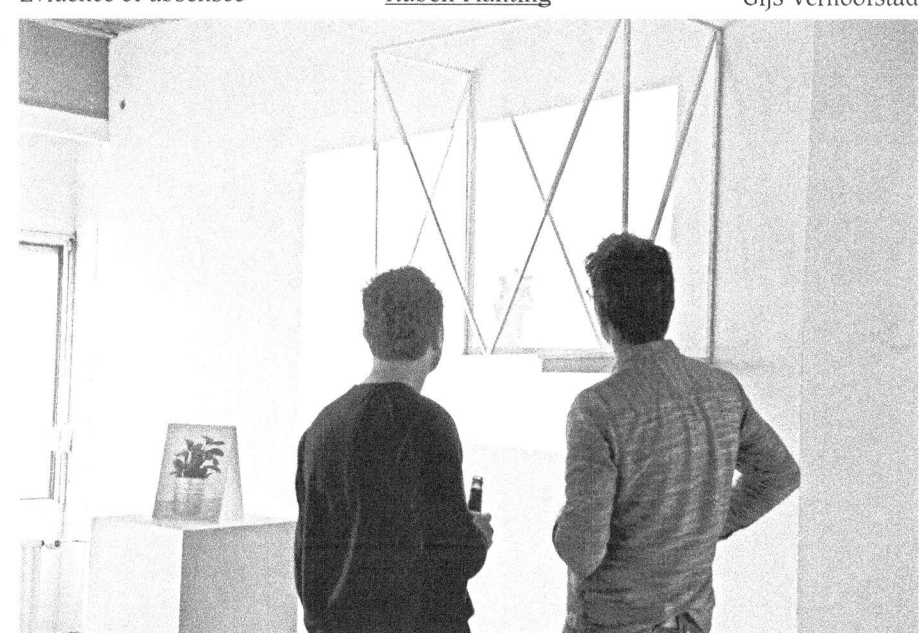

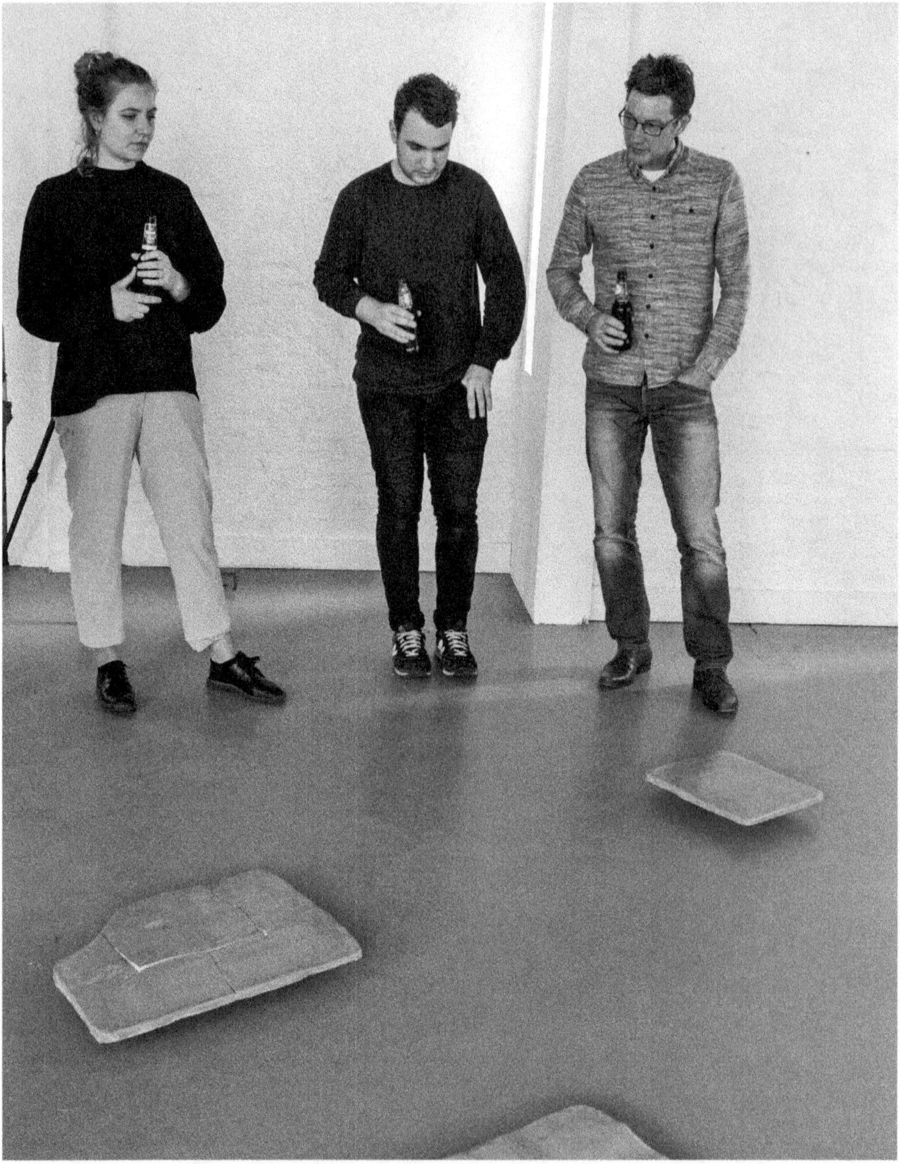

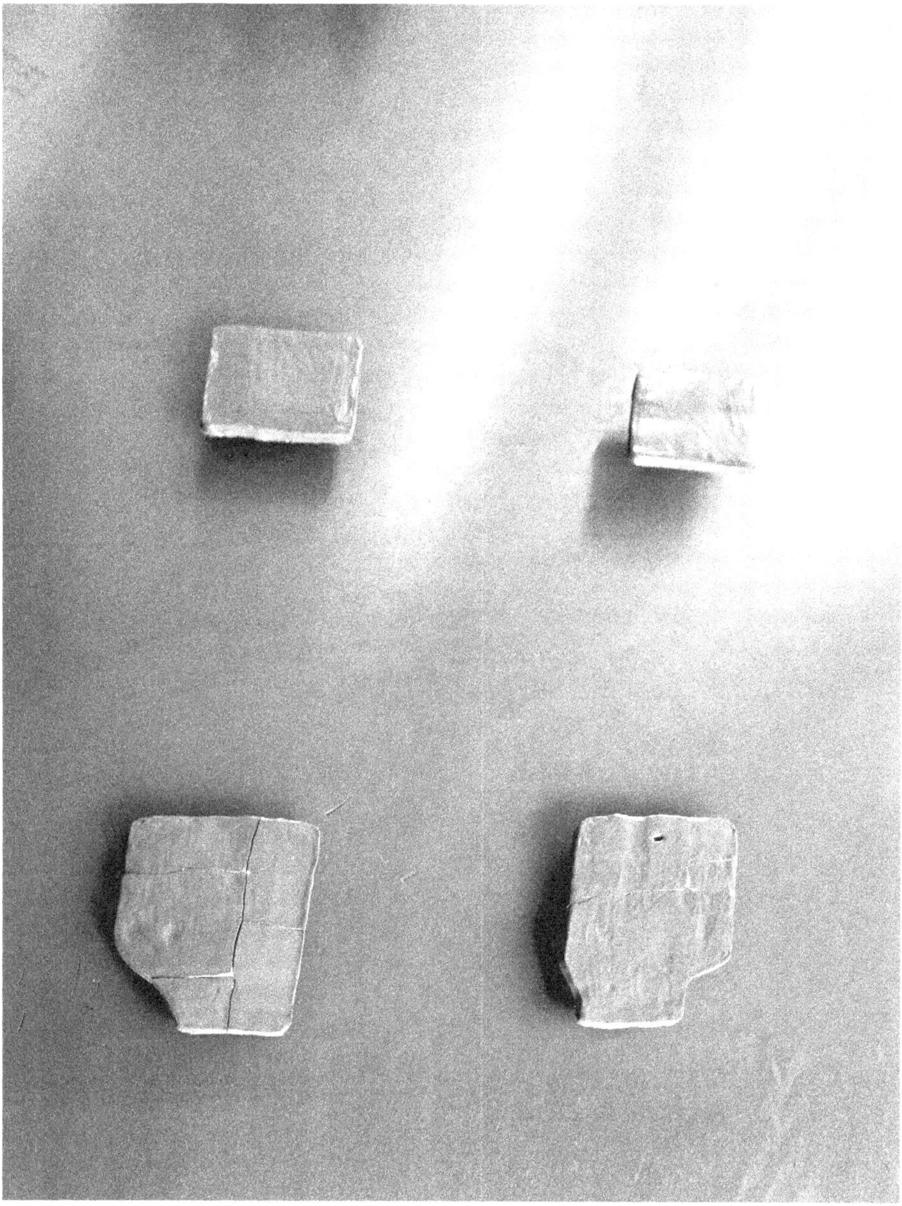

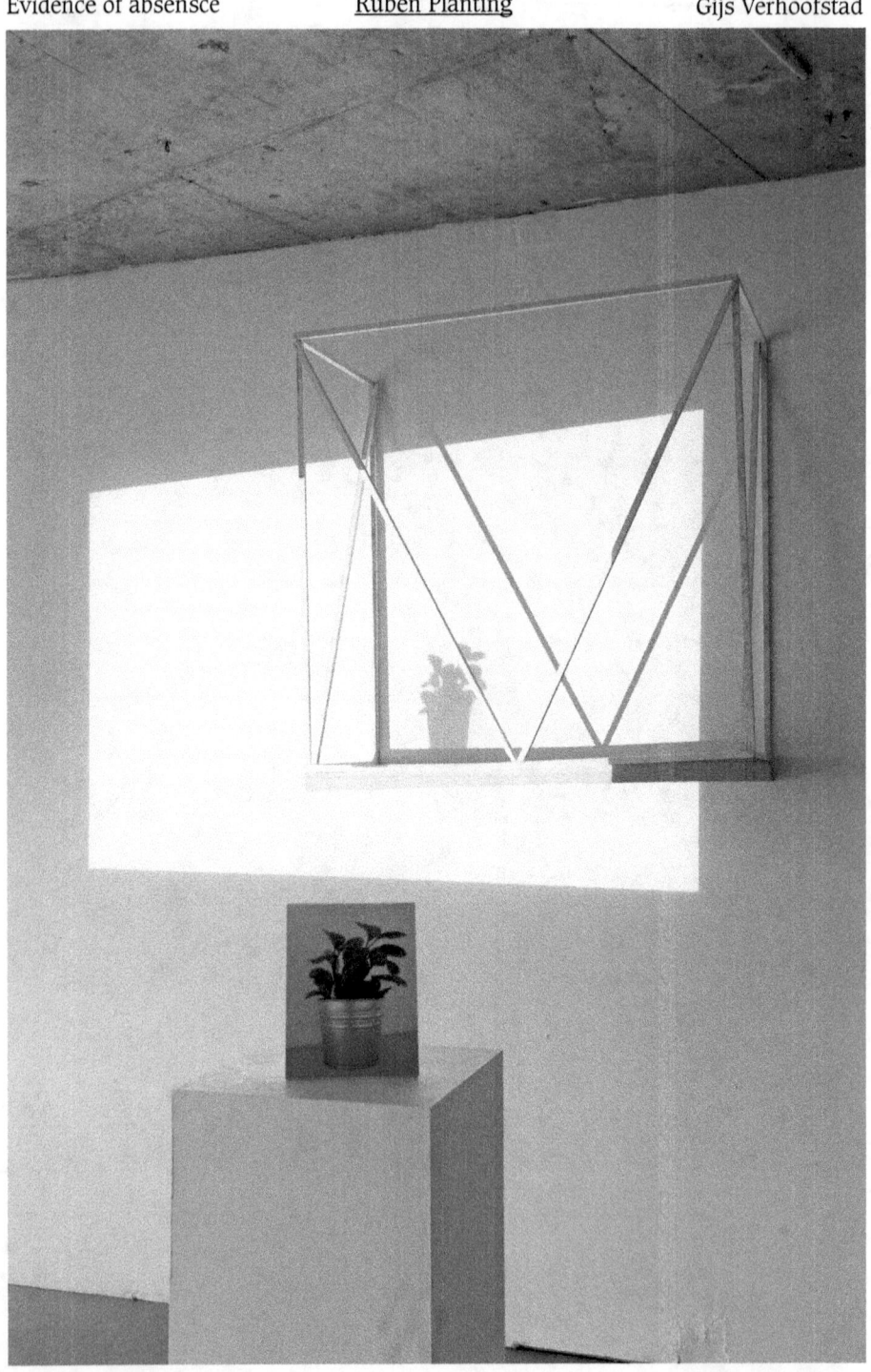

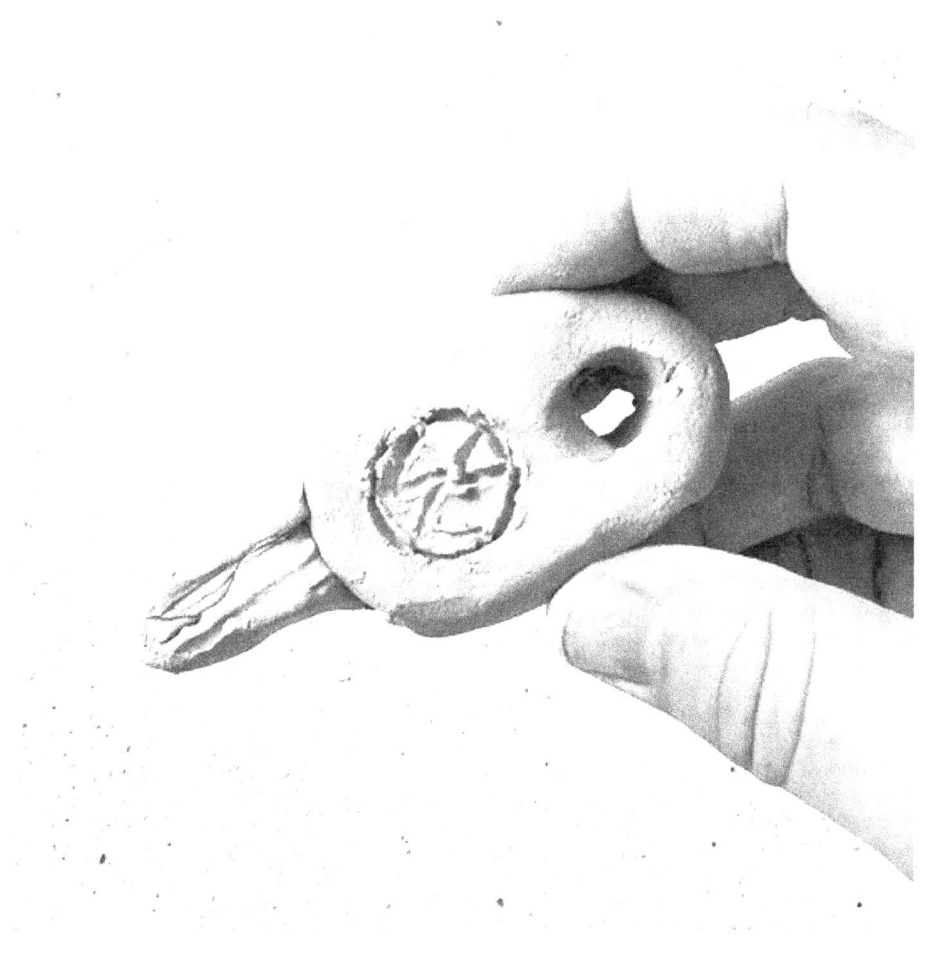

# GIJS VERHOOFSTAD

Gijs Verhoofstad (Druten 1983) deed een opleiding stand- en decorbouw aan het grafisch lyceum Sint Lucas in Boxtel. Hij werkte een aantal jaren als autobekleder en begon daarna aan de bachelorsopleiding van de afdeling Fine Art van ArtEZ in Arnhem, waar hij in 2014 afstudeerde.

**Waar hield je je mee bezig tijdens je studie aan ArtEZ?**

In het begin tast je alles zo'n beetje af, boetseren, schilderen en dat soort vakken. Daarna heb ik vooral sculpturen en installaties gemaakt. Ik heb dingen moeten loslaten. Ik wilde als student veel vertellen en grote thema's aansnijden. Maar hoe vertaal je dat in beeldend werk dat tot de verbeelding spreekt? Ik heb gewerkt als autobekleder. Een autobekleder is iemand die denkt en werkt vanuit het materiaal, vanuit het ambacht en het laten spreken van techniek en materiaal. Het is tactiel werk. Je bent continu bezig om het leer met je vingers in de juiste vorm te krijgen en het glad te strijken. Je hebt letterlijk contact met je werk. Mijn voorliefde voor het ambachtelijke en tactiele komt onder andere daar uit voort. Dat botste met mijn verlangen om grote verhalen te vertellen, iets waar ik door mijn docenten en anderen natuurlijk op werd gewezen. Ik heb moeten leren  om niet alles rationeel te willen controleren en verklaren en om mijn intuïtie en gevoel te versterken. Het onbewuste deel van je hersenen is nu eenmaal  krachtiger dan het bewuste deel. Waar ik veel aan heb gehad is mijn verblijf van een halfjaar als artist in residence in Schloss Ringenberg in Duitsland, na mijn afstuderen. Ik heb daar geleerd om niet alles in te vullen, maar de toeschouwer ruimte en vrijheid te laten. Op de academie kwam ik tot het inzicht dat je vooral geen aannemer van je eigen werk moet worden, Je moet leren spelen, met je ideeën, je materiaal, de techniek en je publiek. In Schloss Ringenberg, leerde ik mijn werk verder te fine tunen en de aandacht op de details te richten.

**Wat heb je na je eindexamen gedaan?**

Voor mijn eindexamen bouwde ik een monoliet, een stapeling van afgedankte elektronica waarin het regende. Ik kreeg nogal wat aanbiedingen van kunstenaarsinitiatieven om dat werk na mijn eindexamenshow te laten zien. Maar geen van die plekken had geld om alleen al zoiets als de vervoerskosten te betalen. Dus van die aanbiedingen heb ik om praktische redenen geen gebruik gemaakt. Ik had op dat moment weinig te besteden, een situatie waar meer studenten tegenaan lopen. Mijn videowerk heb ik wel overal kunnen laten zien. Tijdens mijn studie ben ik begonnen als zelfstandige. Ik help als zzp-er andere kunstenaars met de uitvoering van hun werk, dat soort  werk staat ook meer in dienst staat van mijn eigen kunstenaarschap. Het is leerzaam om te zien hoe andere kunstenaars hun zaken regelen en door te helpen heb ik mijn netwerk kunnen uitbreiden. Dankzij een werkbijdrage van het Mondriaan Fonds heb ik ook mijn eigen werk kunnen maken en kunnen tentoonstellen. Met Bram Kuypers en Leonard Kuipers heb ik de tentoonstelling Crystals for abundance gemaakt in Expoplu in Nijmegen. De laatste twee jaar heb ik gewerkt aan Transmute24. Dat is een project in het kader van Code Rood, een maandelijks event op het voormalige militair terrein aan de Koningsweg, gecureerd door BIOP. Samen met andere kunstenaars werk ik in een leegstaand gebouw, in een van de complexen waar vroeger de militairen sliepen. Het gebouw is door langdurige leegstand in een verloederde staat. Op de vloeren staat water en langs de muren druipt vocht. Het bouwwerk rot. Wat je er opbouwt of verplaatst wordt door vocht, kou en schimmel aangevreten. De uitdaging is om in deze omstandigheden toch iets van rust, harmonie en schoonheid te scheppen. Je moet de grenzen opzoeken, die van jezelf en die van de plek. Dat vraagt overgave. Je maakt werk, maar je zoekt ook naar een innerlijke houding om de weerzinwekkende omstandigheden het hoofd te bieden.

**Is daar iets van terug te lezen in de tentoonstelling in Circa...dit?**

Toen ik werd gevraag voor de tentoonstelling voelde ik aanvankelijk weinig voor samenwerking. Ik heb de afgelopen jaren al zoveel samengewerkt. Dit keer wilde ik mijn werk laten zien en ook niet meer dan dat. Maar ik veranderde van gedachten toen ik met Ruben Planting de eerste bespreking had. Samenwerken met Ruben leek me, toen we eenmaal aan de praat waren, juist de moeite waard. Als we ieder afzonderlijk op ons eigen eilandje ons werk hadden neergezet, was het niks geworden, denk ik. En dus zijn we samen aan de slag gegaan. We hebben ons laten leiden door de titel van de tentoonstelling die werd bedacht door Anand Mahabier: Evidence of Absence. Naar aanleiding van die titel hebben we ons de vraag gesteld, wat is er nu wel of niet in de werkelijkheid zoals mensen die nu ervaren. Wat is er echt, wat is beeld, wat is suggestie of associatie en wie staat daar nog bij stil? Ik heb net als Ruben verschillende werken ingebracht. Op de tentoonstelling laat ik mijn gouden ei zien. Dat ei vond ik ooit op een rommelmarkt in Klarendal. Het ei hangt aan een ketting. Op de tentoonstelling hing het bewegingsloos, maar op de beeldschermen die eronder staan opgesteld zie je het ei een slingerbeweging maken. Het is een tijdsaanduiding. Voor hindoes is het ei het begin van het universum, maar dat hoef je er niet in te zien. Het gaat me om het oproepen van een sfeer die open is, een sfeer van kalmte, van het verglijden van de tijd terwijl alles zich ogenschijnlijk herhaalt. Een eindje verderop hebben Ruben en ik samen een werk gemaakt. Ruben hing zijn driedimensionale, 'echte', balkon op. Daarop projecteerden we de lichtreflecties van passerende auto's die we daarvoor hadden gefilmd. Ruben projecteerde op die projectie ook nog eens de beelden van een kamerplantje dat beweegt in de wind en waarvan je, vóór de hele opstelling, een statische foto ziet op een sokkel. We hebben in dit werk en elders in de tentoonstelling laag op laag gelegd: projecties op concreet aanwezige dingen en projecties van projecties.

### Is die gelaagdheid ook voor buitenstaanders begrijpelijk?

We hebben door samen te werken en in te gaan op elkaars ideeën en associaties geprobeerd om tot nieuwe beelden te komen. Je hebt de gelegenheid om te experimenteren. Of dat toegankelijk is voor bezoekers, is een vraag die je niet uit de weg moet gaan. Ik heb op de tentoonstelling een werk laten zien dat Monolith heet. Toen ik in Schloss Ringenberg, een oud kasteel, op een dag aan het werk was, scheen het licht op een bepaalde manier door de ouderwetse luiken en het kozijn. Dat wierp een complexe geometrische schaduwfiguur op de muur. Toen ik dat zag was ik min of meer verbijsterd. Ik begon naar mijn telefoon te zoeken om er een opname van te maken en naar een lijmtang om mijn telefoon te stabiliseren. Met enige moeite lukte dat. Met mijn telefoon maakte ik een opname, maar na welgeteld negen seconde was

het schaduwbeeld ook weer verdwenen. Ik heb bij andere en eerdere bewoners van Schloss Ringenberg nagevraagd of ze zoiets ook wel eens hadden gezien. Niemand! Gebeurt zoiets maar één keer in het jaar en dan nog heel kort? Was ik de enige die op dat zeldzame moment alert genoeg was geweest om het te zien? Voor mij zijn die opnamen van negen seconden heel bijzonder. Maar hoe breng je dat over? Je kunt het beeld projecten en bezoekers van de tentoonstelling het hoe en waarom ervan uitleggen.

### Heb je iets van het maken van de tentoonstelling geleerd?

Voor mij is het belangrijk geweest, dat ik de ideeën die ik de afgelopen twee jaar in Transmute24 heb ontwikkeld in de tentoonstelling heb kunnen gebruiken. Uit het werk in Transmute24 komt nu ander werk voort. Belangrijk is ook dat we samenwerkend een complexe en gelaagde tentoonstelling hebben kunnen maken.

Evidence of absensce       Ruben Planting       <u>Gijs Verhoofstad</u>

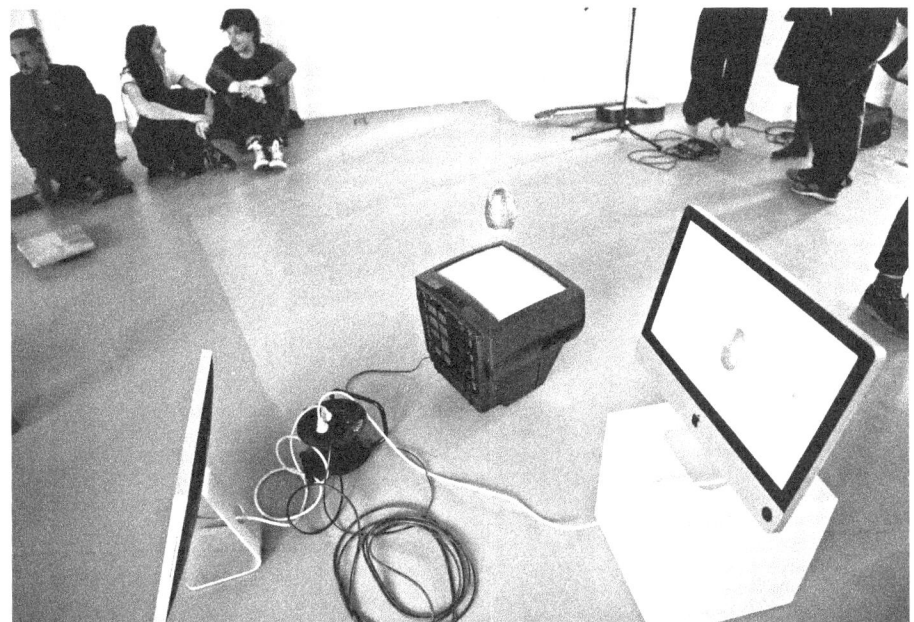

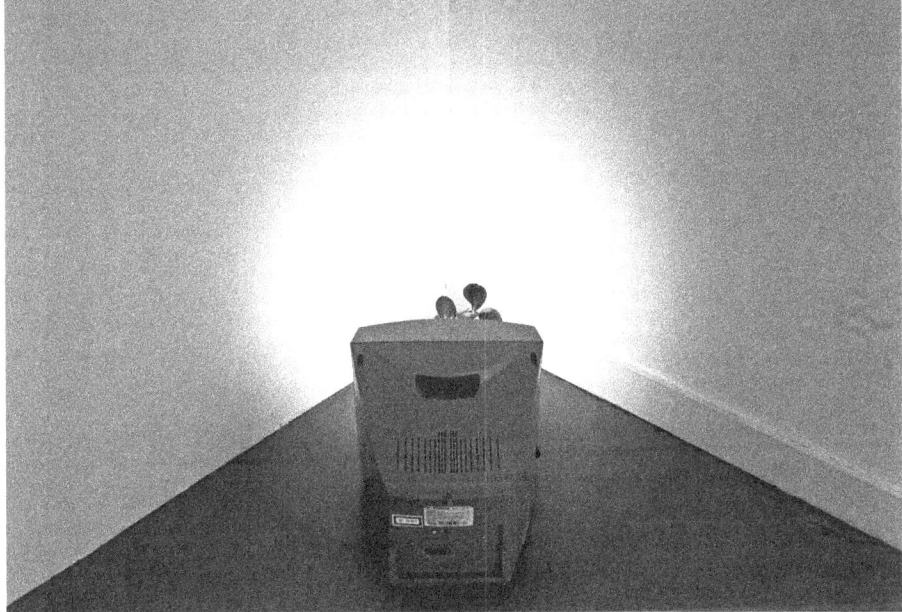

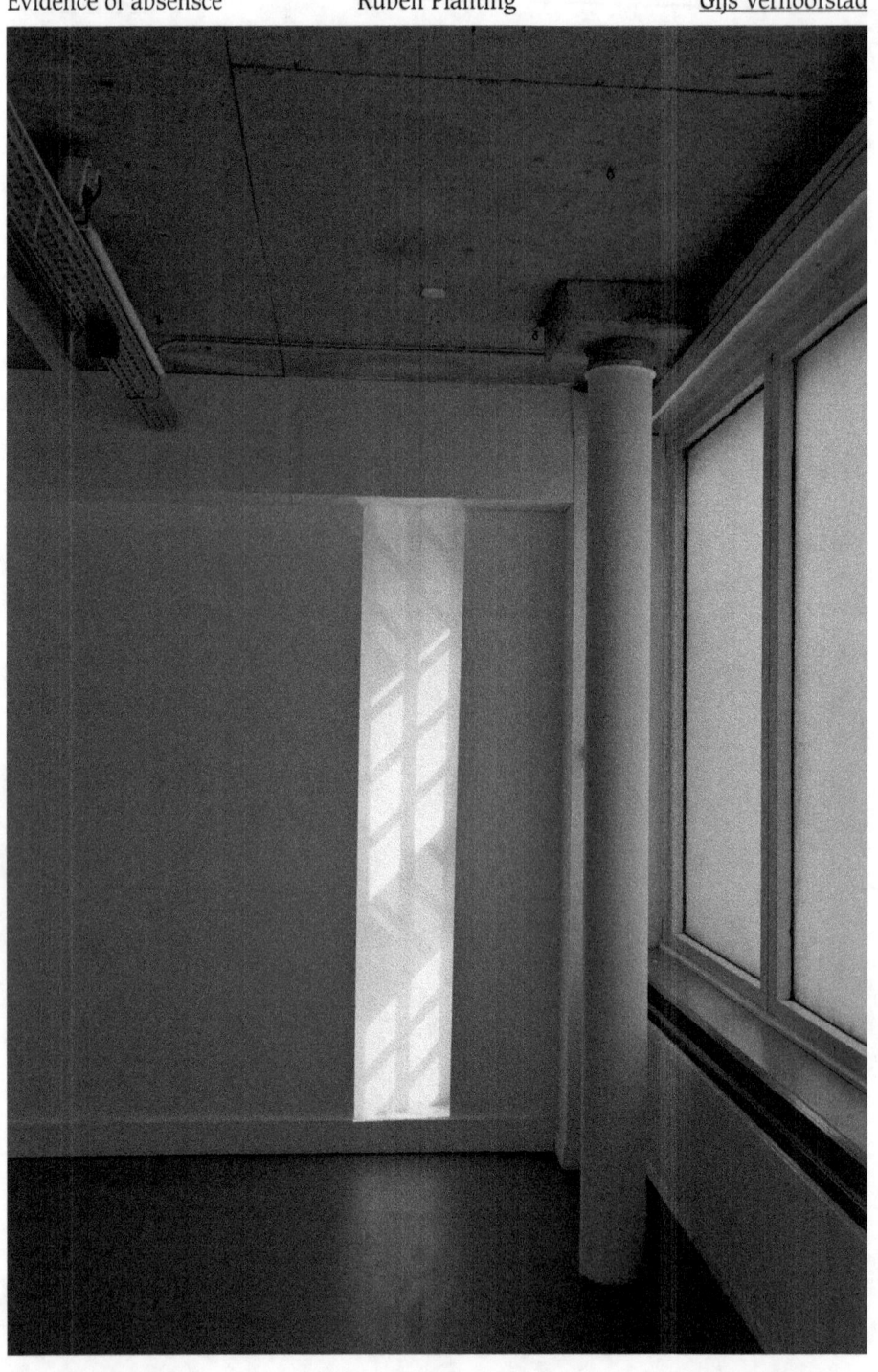

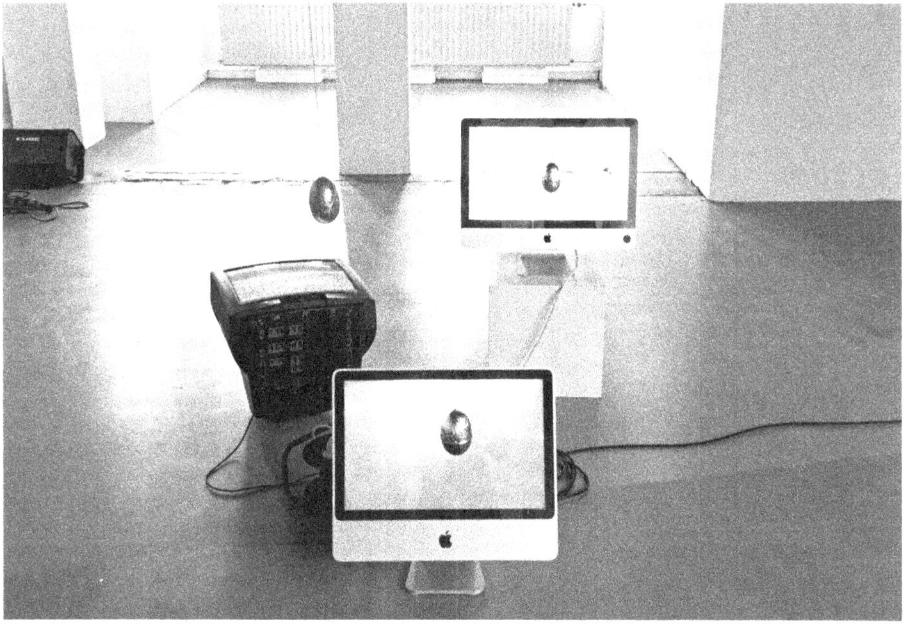

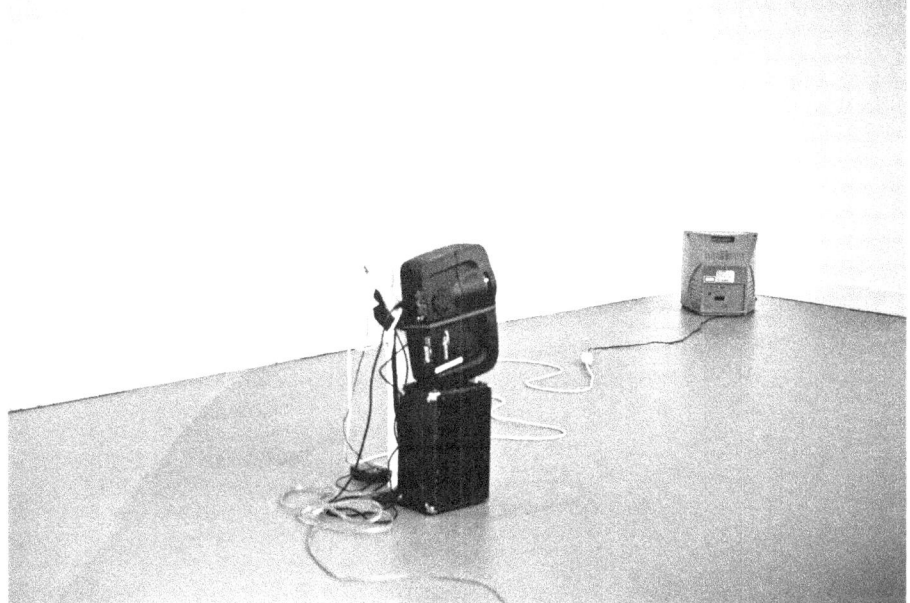

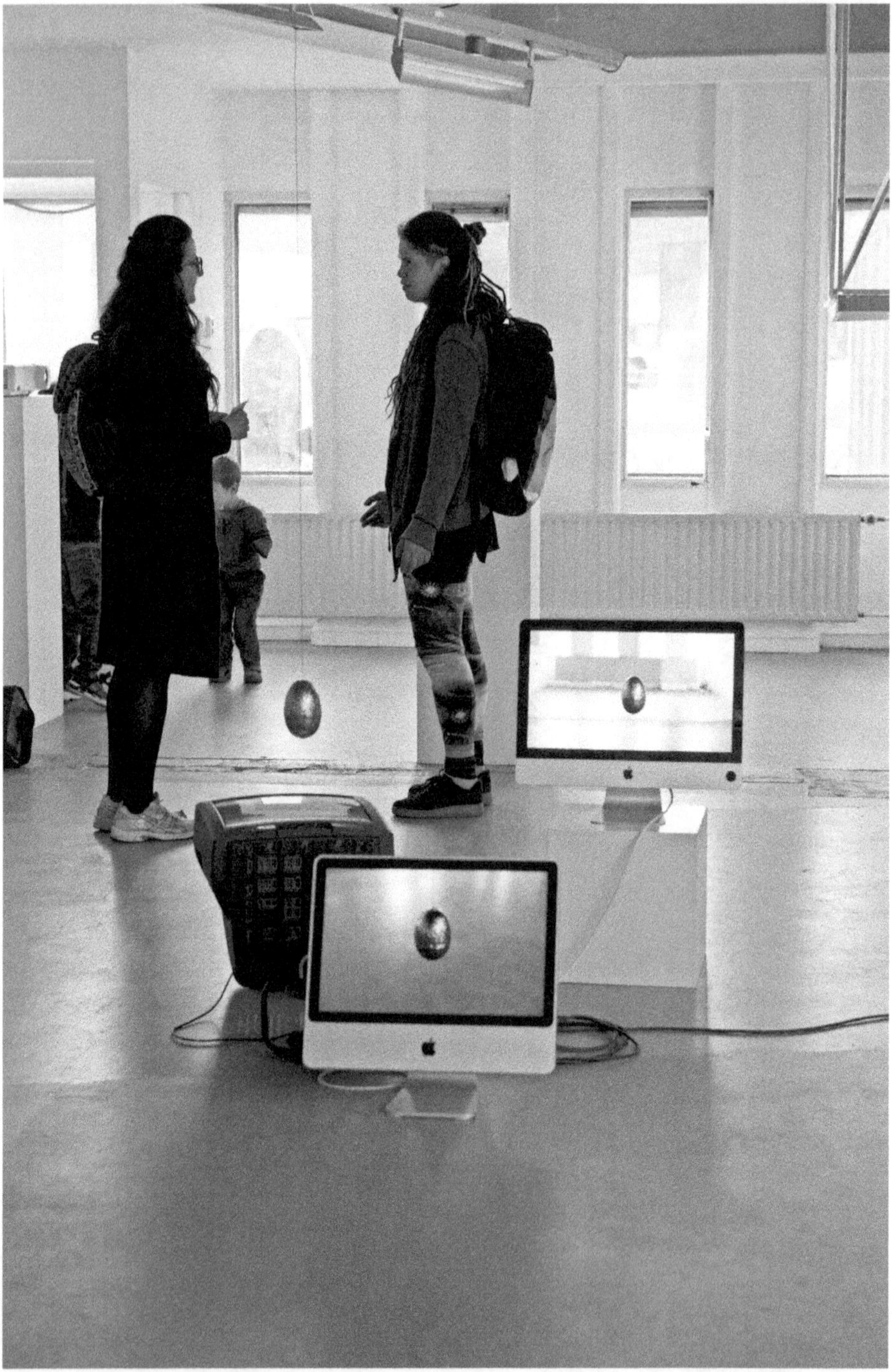

<u>opening</u>

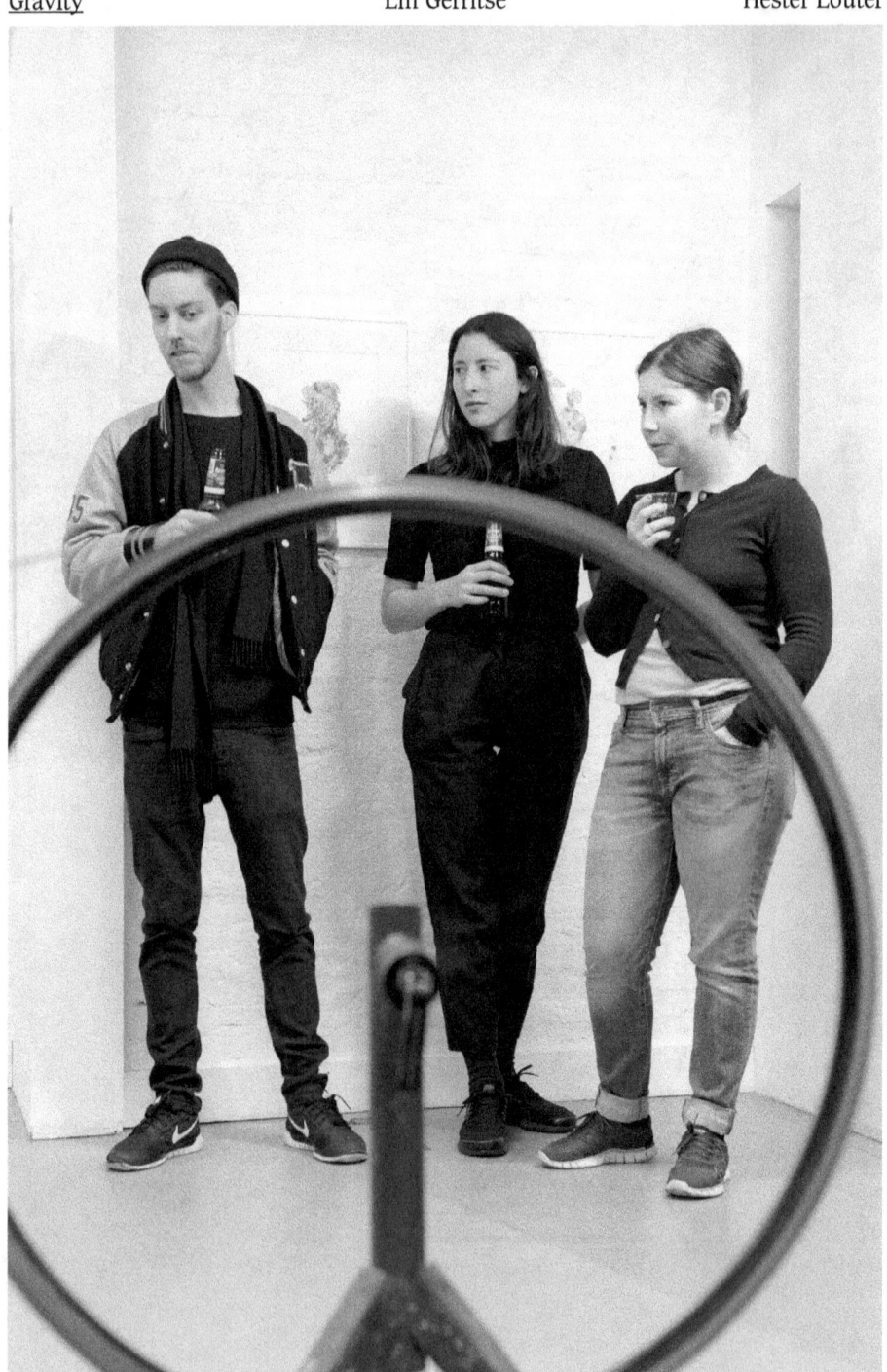

opening

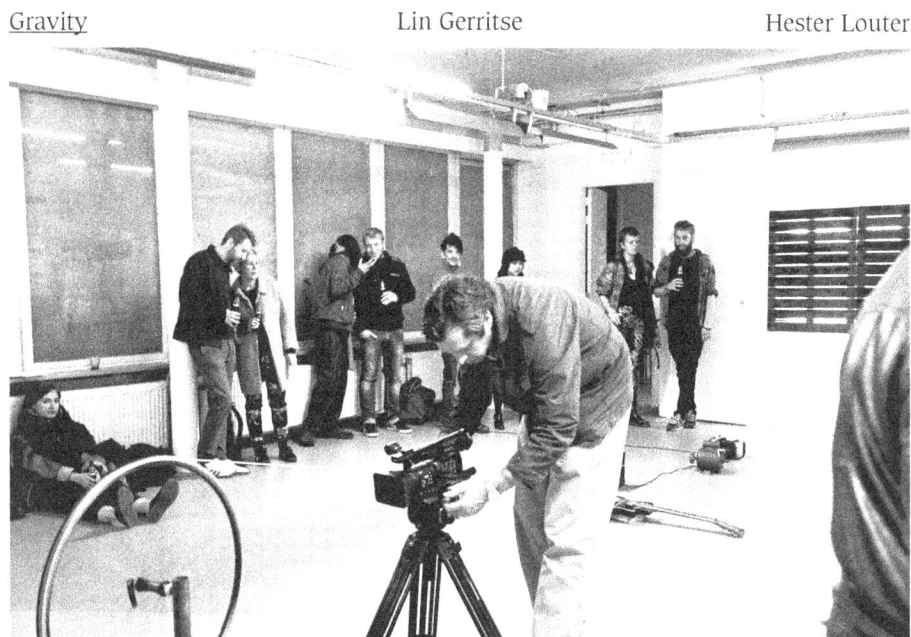

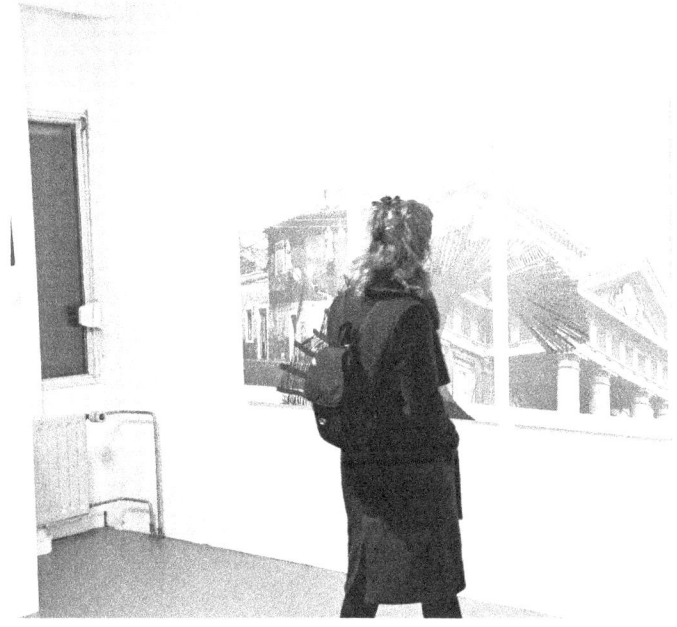

opening

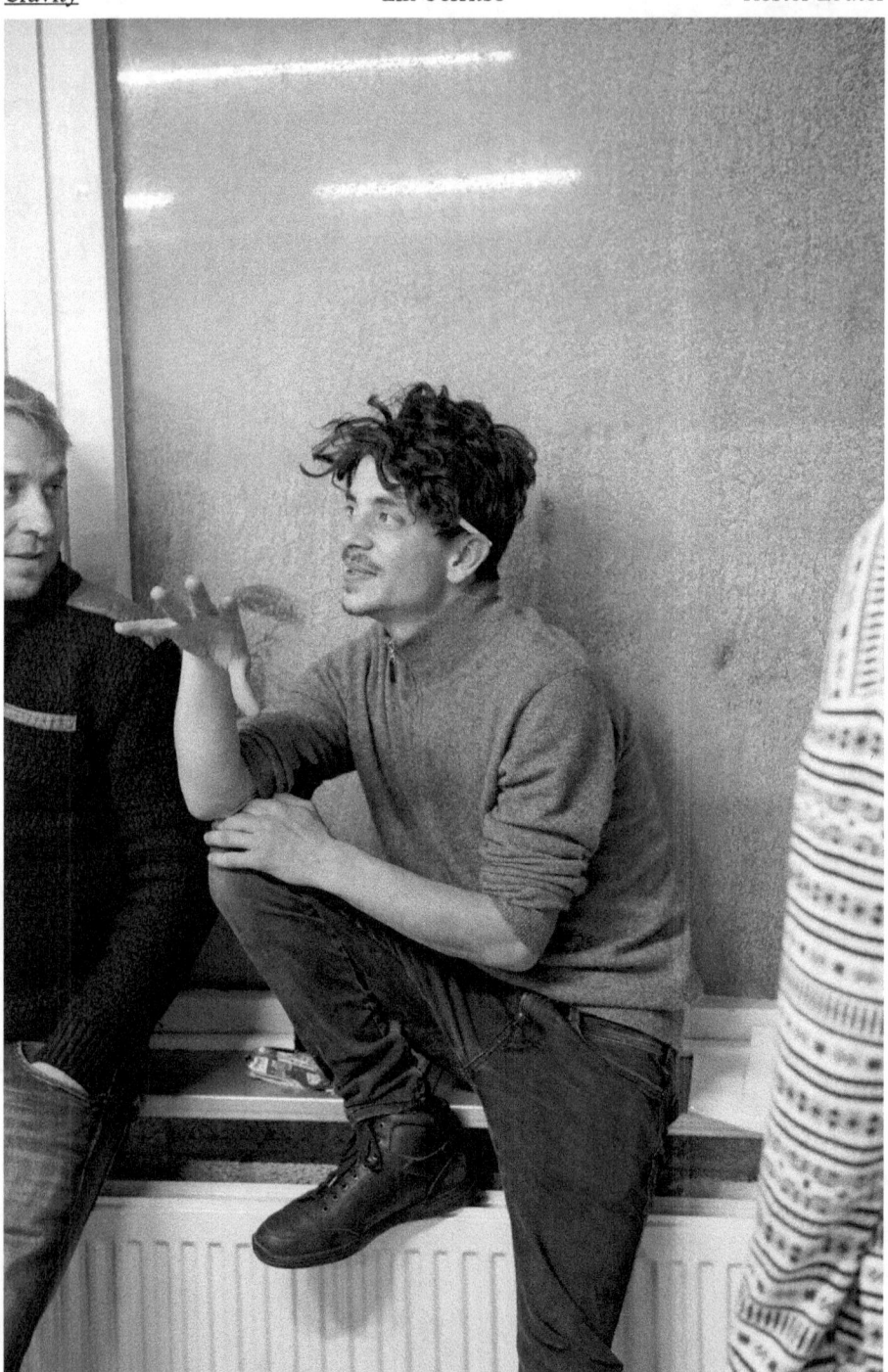

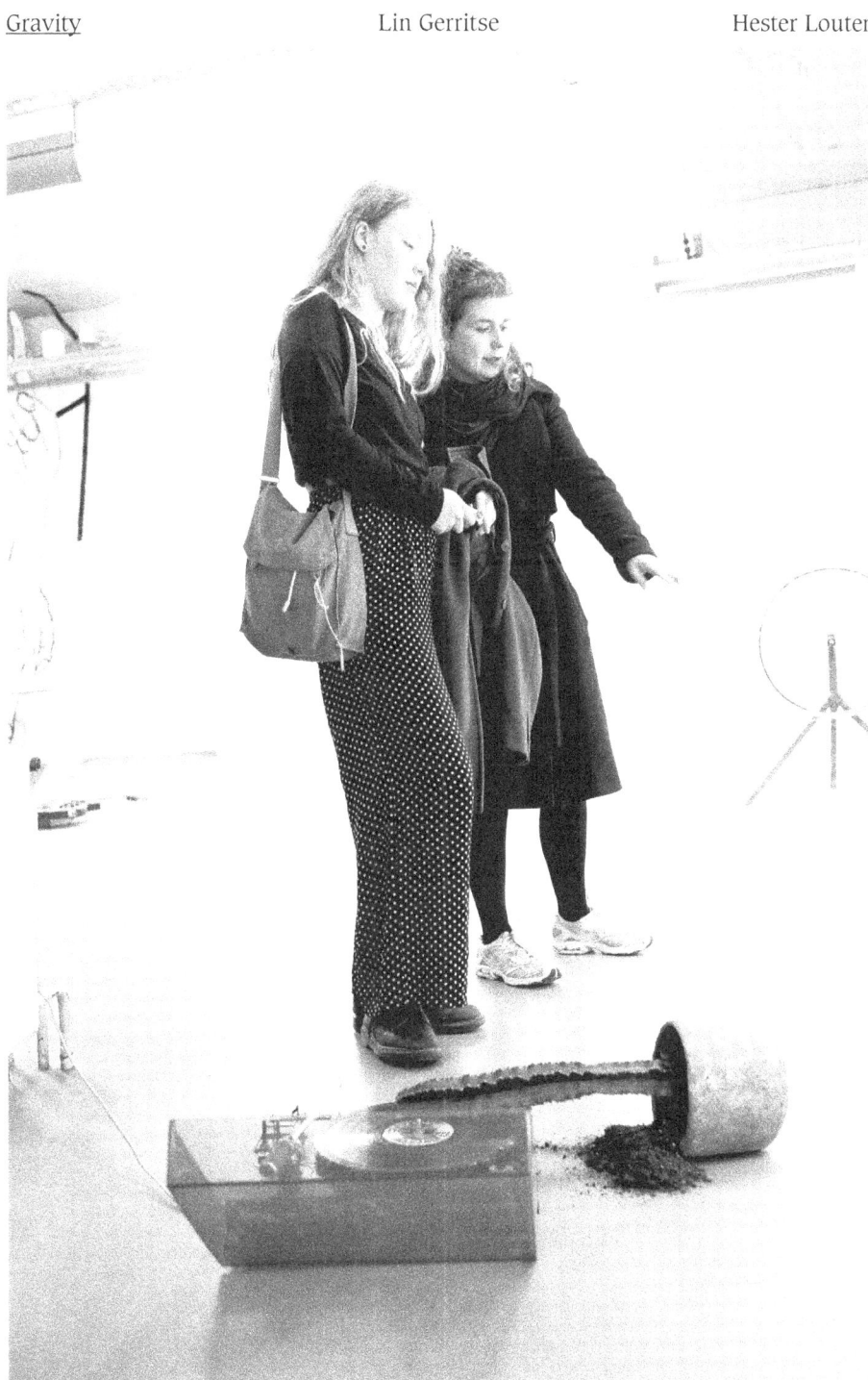

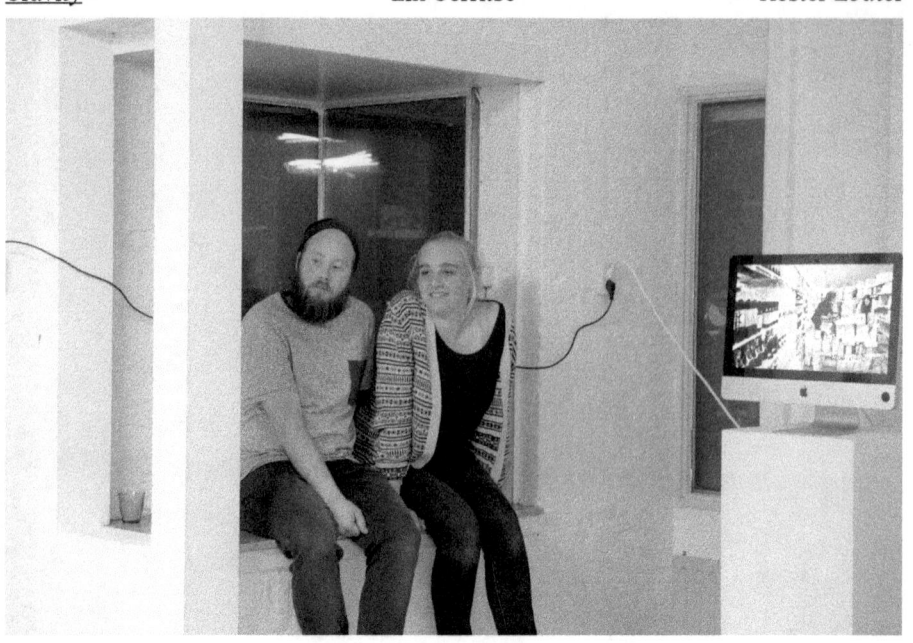

Muzikant Tonio Geugelin

# LIN GERRITSE

Lin Gerritse (Nijmegen 1988) groeide op in Ewijk en studeerde in 2013 af aan de Afdeling Fine Art van ArtEZ in Arnhem. In 2014 begon hij aan een masteropleiding aan Sint Lucas in Antwerpen.

**Wat heb je in Circa...dit in Arnhem laten zien?**

Een voorstudie. Ik studeer deze zomer af aan Sint Lucas in Antwerpen. Hier in Arnhem heb ik de mogelijkheden van wat ik in mijn hoofd heb kunnen concretiseren en aftasten. Ik werk in de laatste jaren aan verschillende projecten en wat ik hier in Arnhem heb laten zien, is een daarvan.

**Kun je wat meer vertellen over die projecten?**

Wat me al een hele tijd bezighoudt is de zogenaamde luchtbegrafenis. In Tibet en onder andere Kazachstan zijn de omstandigheden dermate karig, de grond is er zo hard en het gebrek aan hout of andere brandstoffen zodanig, dat men de doden in stukken hakt en door roofvogels laat opeten. Tamelijk bizar. Maar je kunt ook zeggen dat de vogels de doden optillen en naar de hemel brengen. Sinds ik over dit soort begrafenisrituelen las, heeft het onderwerp me beziggehouden. Ik ben jaren geleden begonnen met het maken van zelfportretten van vogelvoer. Overal waar ik op vakantie kwam, kocht in de supermarkt vogelvoer. Daarmee maakte ik een zelfportret in een park of op een andere geschikte plek, om het vervolgens te laten opeten door vogels. Inmiddels heb ik dat gedaan op de Dam in Amsterdam, in Turkije, Marokko, Zwitserland, in Berlijn, op de Filippijnen en in Central Park New York. Voor mijn eindexamen heb ik een stuk uit mijn oor laten schieten met een piercingpen om het vervolgens aan de meeuwen te voeren.

**Is dat oor weer dichtgegroeid?**

Ja.

**Wat zijn je andere projecten?**

Ik maak al jaren muziek met behulp van objecten die daarvoor niet bestemd zijn. Vroeger deed ik dat met vrienden. We namen geluiden op als het piepen van een stoel of het omvallen van een glas en mixten dat tot een muziekstuk. Sinds ik ben verhuisd, doe ik dat nog steeds, maar ik moet het zonder mijn vrienden stellen. Om ze te vervangen bouw ik nu geluidsobjecten die ik kan laten bewegen. Mijn bedoeling is om deze bewegende geluidssculpturen een choreografie te laten uitvoeren, een soort theaterstuk. De door een elektromotor bespeelde gitaar die je hier ziet is een deel van mijn project. Je ziet hier trouwens ook een bouwtekening van mijn vroegere lagere school en dat is weer een nevenproject van mijn muziekproject. Jaren nadat ik die als kind bezocht, kwam mijn vroeger lagere school leeg te staan en huurde ik daar een atelier. Op zolder vond ik de oorspronkelijke bouwtekeningen. Die heb ik gebruikt voor een ander idee: het ombouwen van een bestaand gebouw tot muziekinstrument. Om zoiets ooit te realiseren heb je een heel team nodig, niet zo eenvoudig natuurlijk. Het is een plan voor de lange termijn.

**Ik zie hier ook video's van wat een performance lijkt?**

Dat klopt. De video's hebben een voorgeschiedenis. Ik heb van kind af aan een afwijking aan een van mijn hartkleppen. Daarvoor moet ik elk jaar grondig onderzocht en doorgemeten worden, iets wat ik in de loop van de jaren steeds interessanter ben gaan vinden. Het heeft mijn belangstelling voor mijn lichaam, of het lichaam in het algemeen, aangewakkerd. Ik verzamel onder andere medische encyclopedieën, waarvan ik de afbeeldingen verknip en verscheur om ze opnieuw te assembleren tot collages van binnenstebuiten gekeerde lichamen. De eerste tijd op Sint Lucas liet ik mijn docenten uitsluitend die collages zien, waarop een van de docenten zei dat ik toch ook eens iets anders moest doen. Daarop besloot ik alles waar ik op dat moment mee bezig was te laten vallen. Met Anna Godzina, een medestudent, ben ik performancevideo's gaan maken. We stelden een lijst op van dingen die ons spannend leken en die we beslist nog eens wilden doen, levend begraven worden bijvoorbeeld en lasagne eten van een bewegende tafel. Na het opstellen van de lijst hebben we besloten twee soorten korte video's

te maken van telkens vijf minuten. De ene soort zijn video's van handelingen in de openbare ruimte. Op een van de hier getoonde video's zie je hoe we in een Antwerpse supermarkt een gangpad barricaderen met verpakte levensmiddelen en hoe het publiek en het personeel daarop reageren. Ons besluit om dit soort video's te maken was voor mij, zeker na die enigszins introverte collagewerken, een echte eyeopener. De hele stad wordt je atelier en iedereen je werkpartner of tegenspeler. We zijn nu bezig met het opnemen van filmscènes in de IKEA. Wij spelen en filmen en het publiek doet ondertussen zijn inkopen.

**En de andere soort video's?**

De andere soort video's bestaat uit experimenten die door Anna worden uitgevoerd op mijn lichaam. Een van onze video's is een hit op YouTube. Anna trekt een plastic zak over mijn hoofd. Belangstelling komt niet alleen uit de hoek van kunstliefhebbers, maar ook uit de fetisjwereld. Dat is een beetje vreemd. Je komt op speellijsten te staan tussen bellenblazende kinderen en vrouwen die vastgebonden op hotelkamers liggen met een gasmasker op.

**Wat heb je aan de tentoonstelling in Circa...dit gehad?**

De voorbereidingstijd was door allerlei omstandigheden nogal kort. Desondanks vind ik tentoonstellen belangrijk. Een werk is pas af als je het laat zien, is mijn gevoel. In je atelier

kun je dingen laten rusten en zaken uit-
stellen. Als je exposeert moet je keuzes
maken en selecteren. Met het oog op
mijn afstuderen in Antwerpen heb ik
hier in Arnhem een prachtige mogelijkheid gehad om me warm te lopen. En
het is bovendien interessant om je werk
te laten zien aan een nieuwe lichting
studenten en de mensen waar je vroeger
in Arnhem mee optrok.

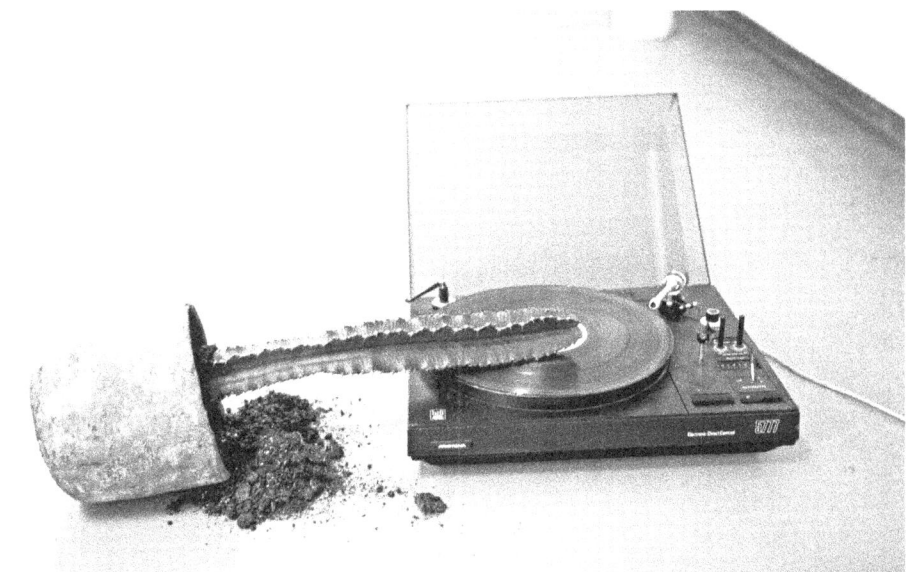

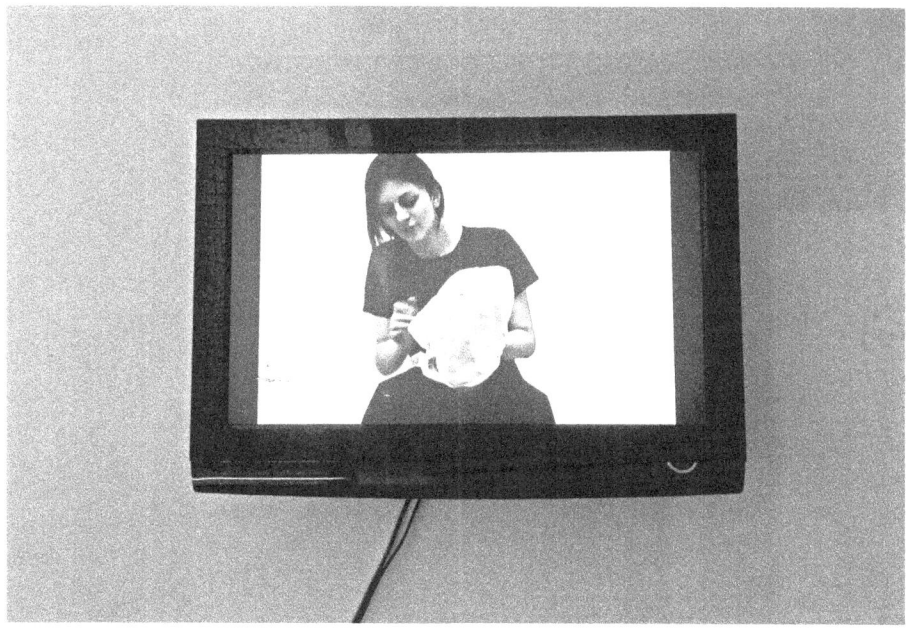

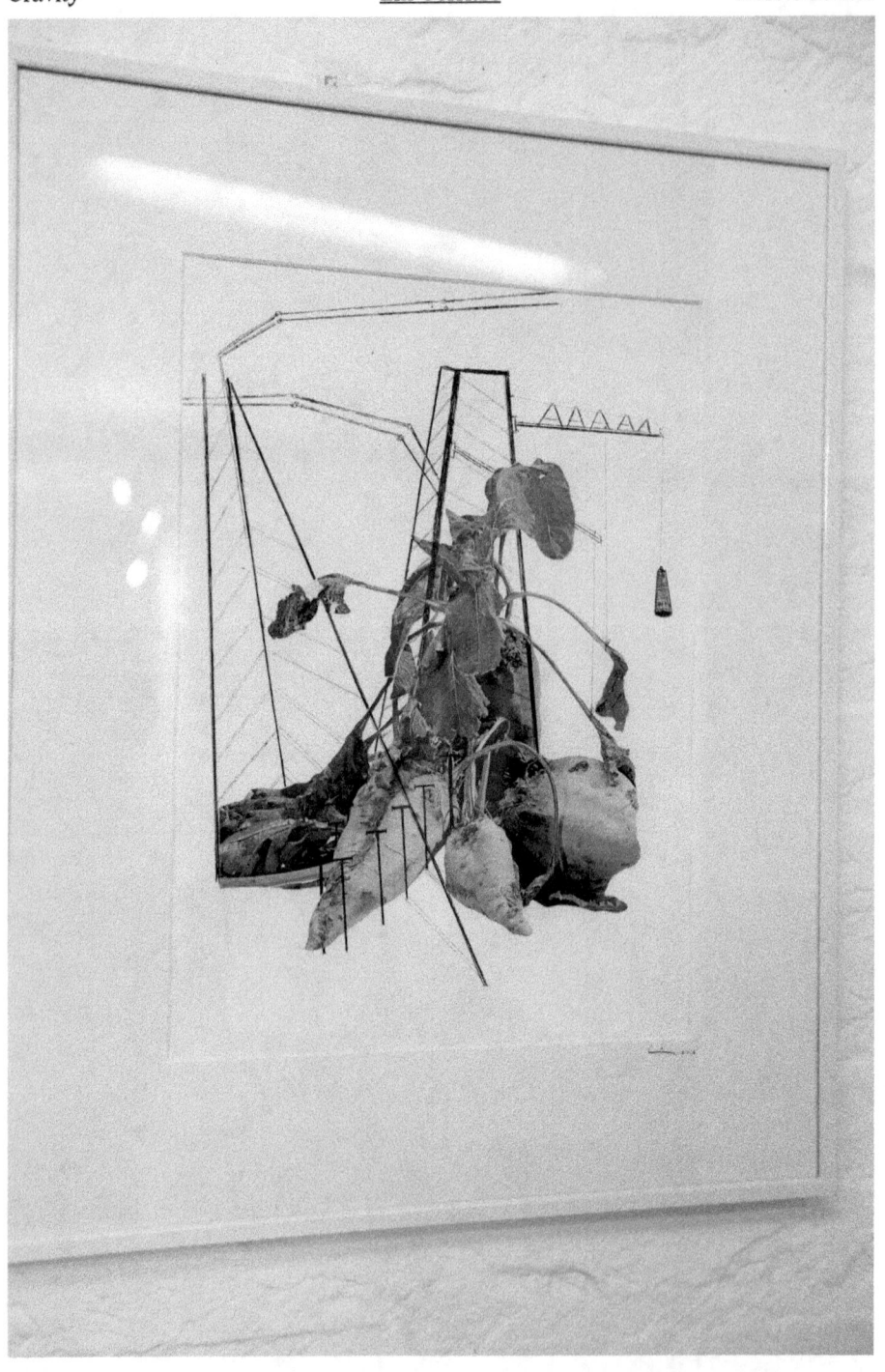

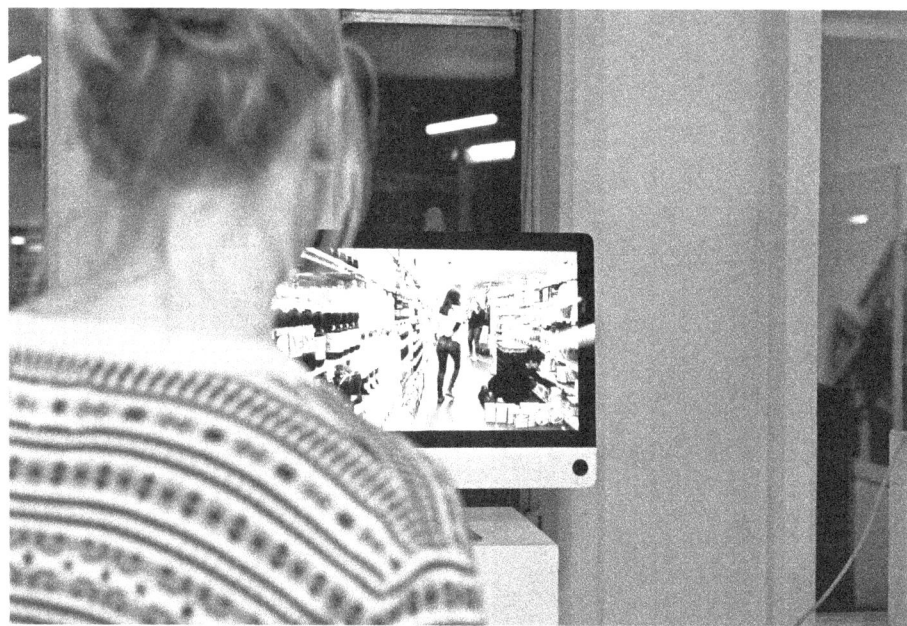

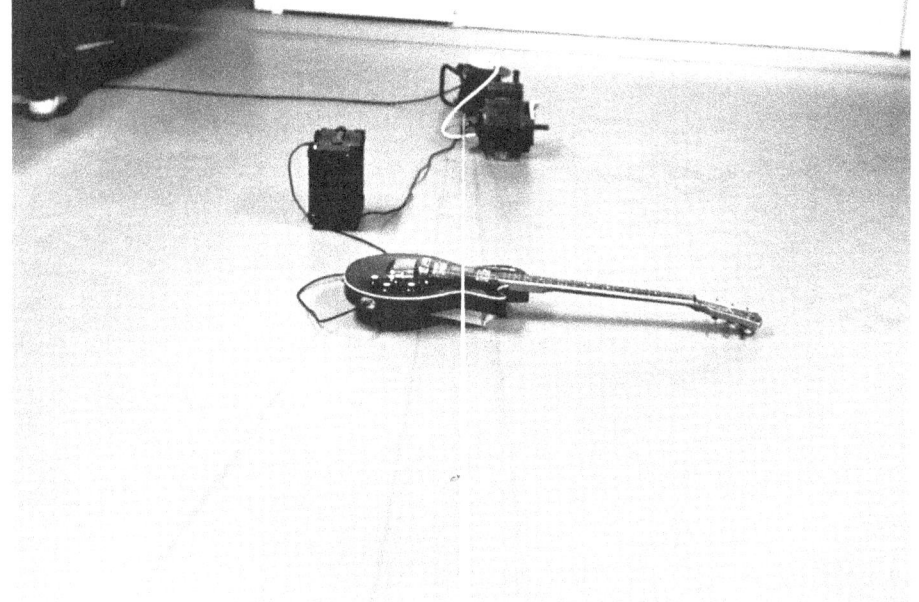

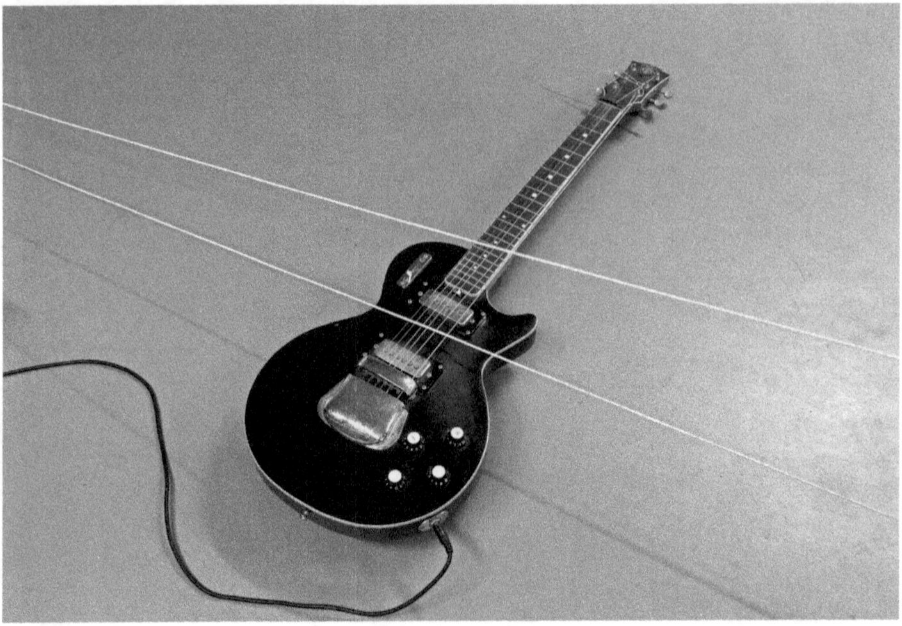

# HESTER LOUTER

Nadat ze de laatste twee jaar van haar middelbare school had afgemaakt aan het United World College in het Italiaanse Duino, begon Hester Louter (Amsterdam 1996) in 2015 aan haar bachelorsstudie aan de afdeling BEAR in Arnhem.

**Hoe is je studie tot nu toe verlopen?**

In het begin doe je van alles en al snel kristalliseert zich uit wat je het beste ligt. Met video's op basis van een script, een verhaal, heb ik weinig. Met het gebruiken van computerprogramma's heb ik evenmin veel op, al is het wel handig om ze een beetje onder de knie te krijgen. Mijn voorkeur ging in het eerste jaar uit naar de lessen ruimtelijk werk van Karin van Dam en Johan Wagenaar. Hun opdrachten lieten veel ruimte om dingen te onderzoeken. Van de opdrachten die je in het eerste jaar van de academie krijgt, leer je onder andere hoe je het beste kunt werken. Sommige studenten beginnen met een idee of concept en hebben tijd nodig om zo'n idee of concept in gedachten uit te werken. Mensen zoals ik moeten vooral experimenteren en bezig zijn met het materiaal en de techniek. Ik vind het interessanter wat beeld, vorm en materiaal kunnen oproepen, dan wat ermee of erbij verteld wordt. In het eerste jaar gebruikte en bewerkte ik vooral bestaande beelden. Sinds het begin van het tweede jaar werk ik aan een eigen beeldtaal.

**Wat heb je in Circa...dit gedaan?**

Lin Gerritse en ik hebben allebei ons werk naar Circa...dit gebracht en vervolgens zijn we gaan inrichten. Ik heb de titel, Gravity, als leidraad genomen. Al associërend kom je dan vanzelf bij zaken die daarbij lijken te horen, zoals het dragen, het neerwaartse, het zware en aardse, en zaken die er tegenover staan, zoals lichtheid, het optillen, de hemel en gewichtsloosheid. Heel strikt ben ik overigens niet te werk gegaan. Ik had een werk met handen die zich naar boven en beneden uitstrekken meegenomen naar Circa...dit. Dat werk was een onderdeel van een installatie die ik eerder had gebouwd en waarvan ik me afvroeg wat het zou doen, los van die installatie, als een zelfstandig werk. Ik had bij het inrichten ook een pallet bij me. Daar lagen allerlei spullen op. De pallet heb ik ooit eens zwart geverfd. Toen we aan het inrichten waren kwam ik op het idee om die pallet, die dag-in-dag-uit van alles de last moet dragen, aan de muur te hangen met een licht erachter om hem op die wijze te verheffen of boven zichzelf uit te tillen. Het is een beetje Van Gogh nadoen. Die schilderde ooit zijn oude, afgetrapte schoenen. De filosoof Heidegger zag de schoenen op het schilderij van Van Gogh aan voor een paar 'boerenschoenen' en besprak ze als een voorbeeld van het bijzondere in het dagelijkse in Der Ursprung des Kunstwerkes. Verderop in de tentoonstelling staan twee plankjes op de grond met fragmenten van een geschilderd gezicht. Dat is een beetje Picasso nadoen. Picasso schilderde op stukken hout die hij vond. Het knappe van Picasso's werk is dat de beschildering en de vorm van de gevonden stukken hout elkaar versterken en op elkaar inwerken. Het drieluik schuin tegenover de plankjes op de grond is van oorsprong een tekening die ik maakte in een fotoboek van Triest. Lin Gerritse had een aantal collages opgehangen en daarop wilde ik reageren met een eigen collage. Toen ik in Duino op school zat, kwam ik regelmatig in Triëst. Op de foto in het fotoboek staat een fragment van een beeld voor een gebouw. Dat beeld heb ik nooit gezien en er staat nergens in het boek wat voor beeld het is. Ik heb het fragment van het beeld met pen verlengd en aangevuld en doorgetrokken tot de tegenoverliggende pagina in het fotoboek. Het is een getekende golfbeweging, opwaarts en neerwaarts. Van de tekening op de dubbelpagina van het fotoboek heb ik een vergrote print op folie gemaakt. De folie heb ik op drie tafelbladen van IKEA geplakt die ik als een drieluik heb opgehangen. Om de hoek hangt werk dat ik maakte naar aanleiding van mijn bezoek met andere academiestudenten aan Rome. In de kerken zie je mensen steeds omhoog kijken naar de hemelse taferelen die op de plafonds zijn aangebracht. Je kijkt in de neuzen van al die omhoog kijkende mensen en ook hun blikken zijn interessant. Ik ben die gaan tekenen in een schrift en heb het

schrift gebruikt voor een aantal grotere tekeningen. Voor de tentoonstelling heb ik een aantal van die grotere tekeningen uitgeknipt en gecombineerd met tekeningen van horizontale strepen en woordraadsels. Ik heb de wand gebruikt om een beeldverhaal te maken. Het gaf me de mogelijkheid om verschillende tekeningen te combineren en uit te breiden in een groter frame dan gebruikelijk.

**Wat heb je geleerd van de tentoonstelling?**

De tentoonstelling kwam op een goed moment. Ik was met andere academiestudenten naar Rome geweest en ik had verschillende lessen gevolgd van het theorie- en honoursprogramma. Heel leerzaam, maar daardoor ben je ook minder gefocust op je eigen werk. De tentoonstelling was een mooie gelegenheid om me weer op mijn werk te richten. Bovendien was dit mijn eerste tentoonstelling. Op de academie laat je je werk zien aan je docenten tijdens de schouw, de semesterbeoordeling. Dan wil je zoveel mogelijk laten zien om aan te tonen dat je je ontwikkelt, want daarvoor studeer je tenslotte. Om een goede tentoonstelling te maken moet je juist selecteren.

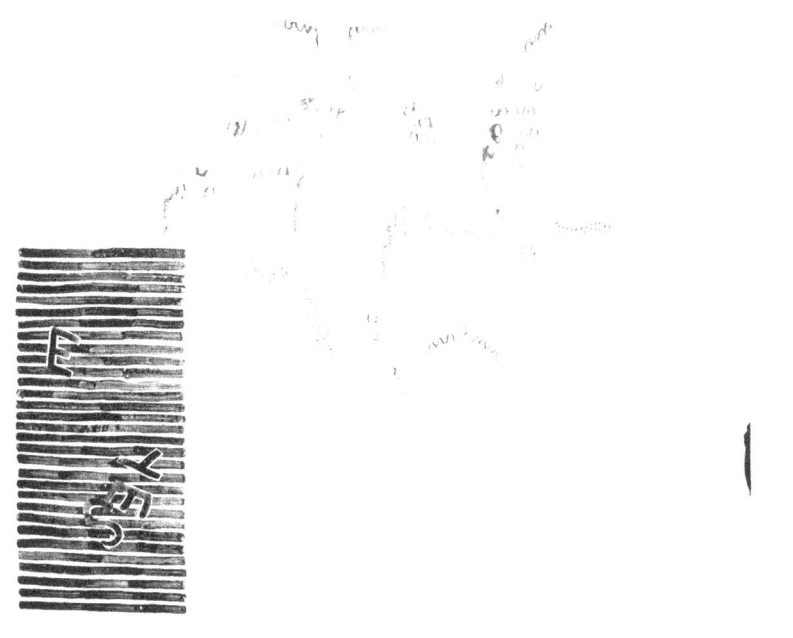

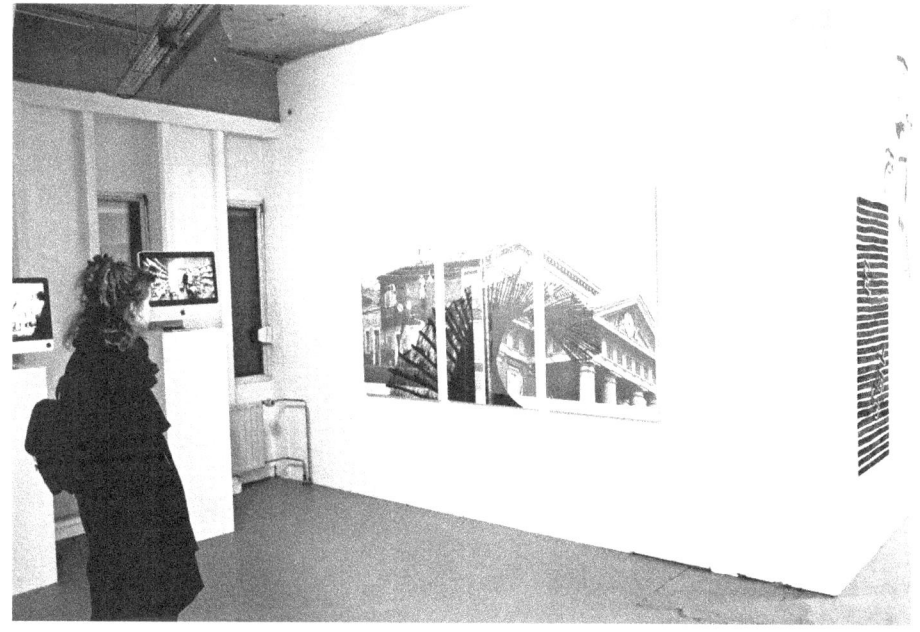

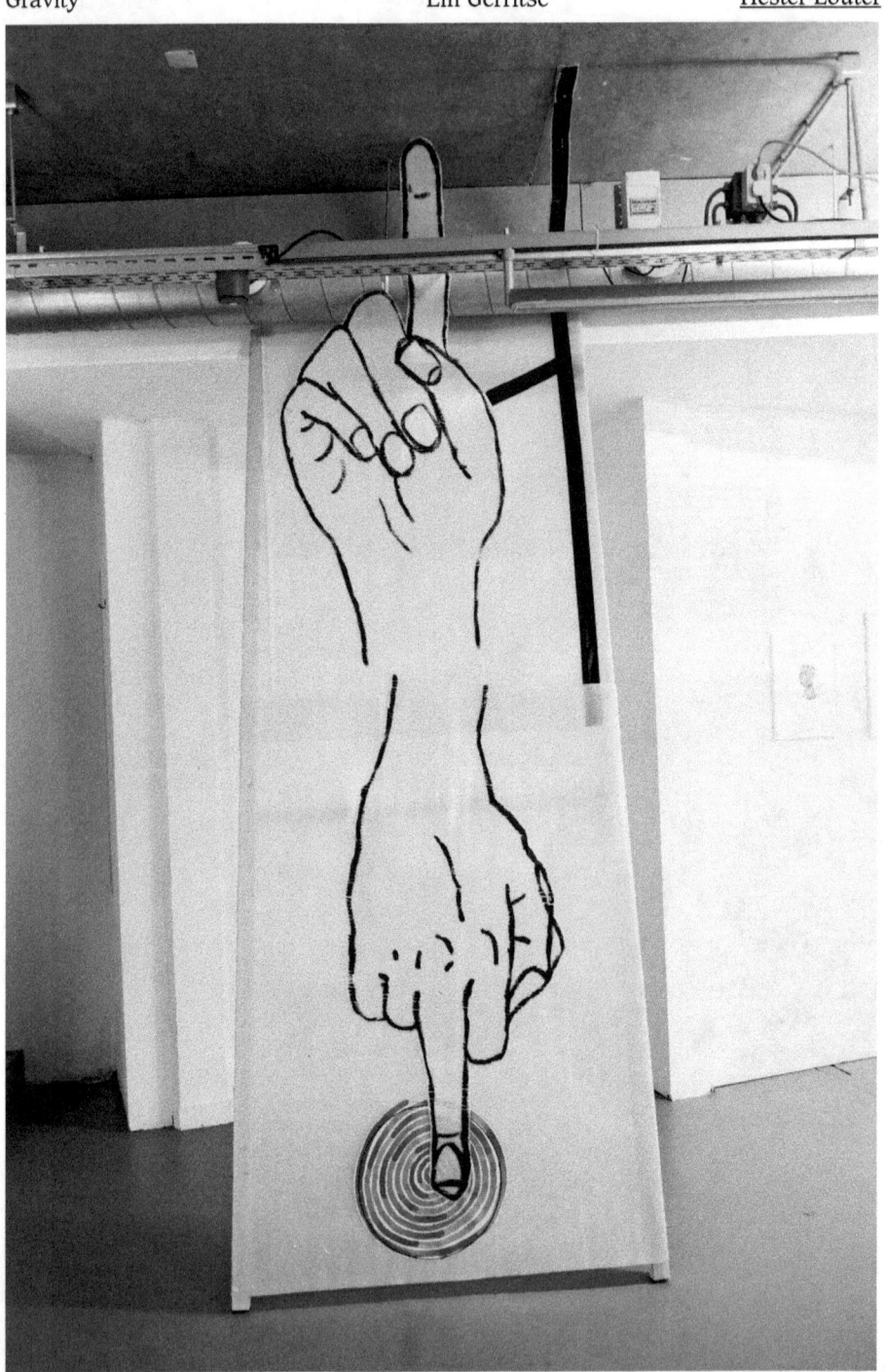

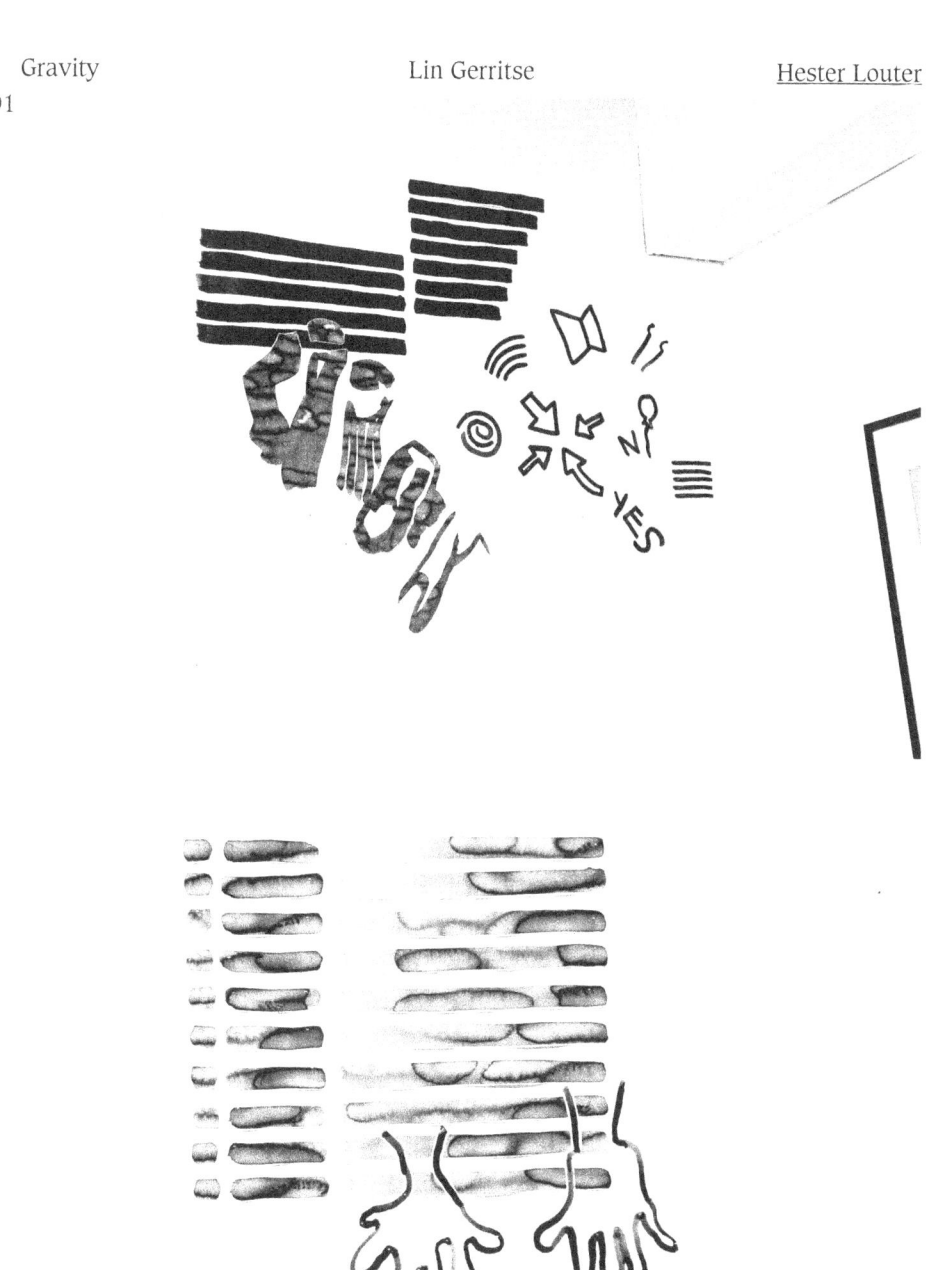

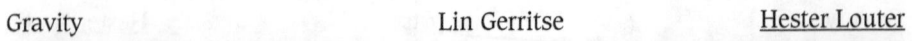

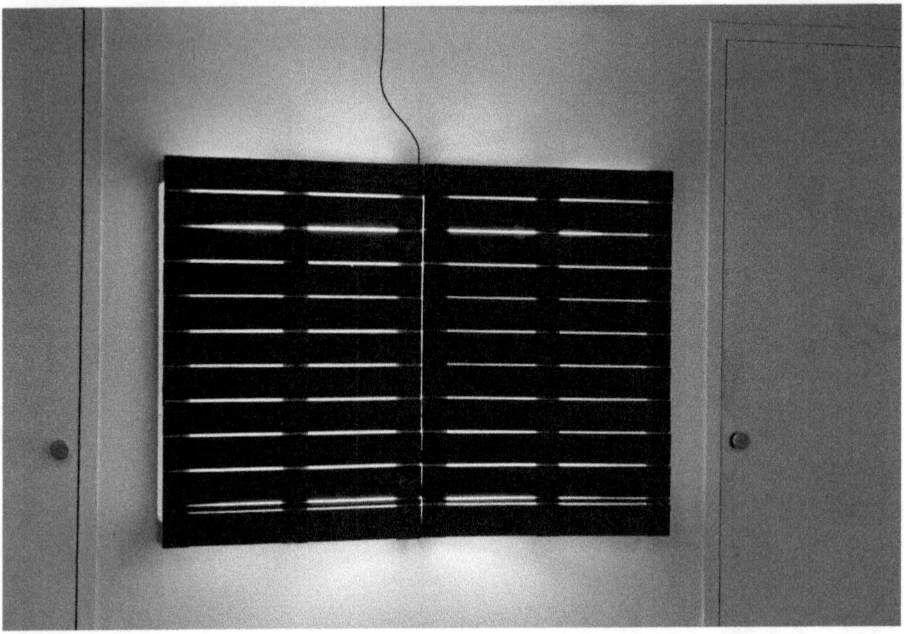

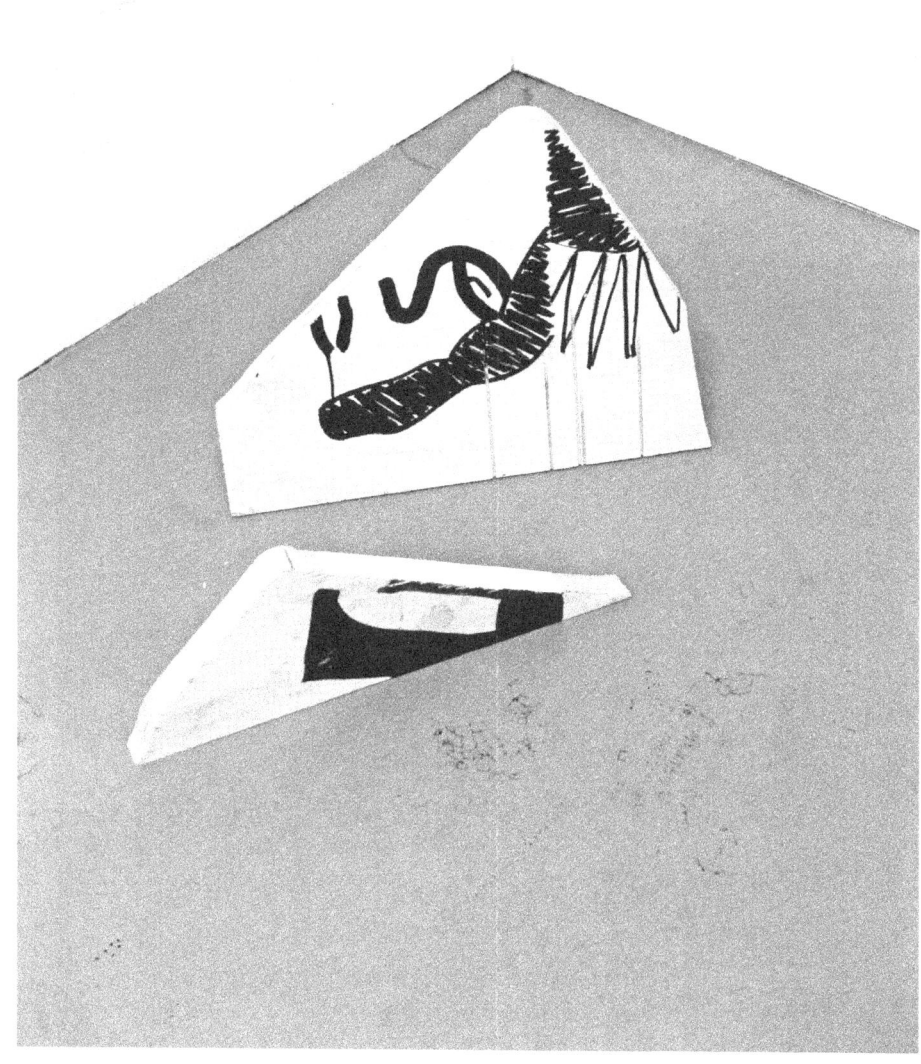

# COLOFON

Dit is een publicatie naar aanleiding
van de tentoonstellingsreeks die heeft
plaatsgevonden van januari tot en met
mei 2017 in tentoonstellingsruimte
circa...dit, Weerdjesstraat 8 Arnhem.

Concept en realisatie: Anand Mahabier

Vormgeving: Lola Beumer

Interviews: Peter Nijenhuis, met
uitzondering van het artikel op  pagina
58, dit is geschreven door Lotte
van Geijn voor de online editie van
Metropolis M.

Fotografie: Ivonne Zijp met uitzondering
van de foto's op pagina 26, 28 en
29 (Laura de Vogel) en pagina's
41,42,43,44,45,46,57 (Leroy Verbeet)

Deze reeks tentoonstellingen en deze
publicatie kwamen mede tot stand door
een financiële bijdrage van de Gemeente
Arnhem / Fonds Cultuur en ArtEz
Institute of the Arts

www.ingramcontent.com/pod-product-compliance
Lightning Source LLC
Chambersburg PA
CBHW070050210526
45170CB00012B/656